湖北省社科基金一般项目(后期资助项目)成果

数字时代的儿童家庭媒介教育
SHUZI SHIDAI DE ERTONG JIATING MEIJIE JIAOYU

尚媛媛　张梅珍　著

中国地质大学出版社
ZHONGGUO DIZHI DAXUE CHUBANSHE

图书在版编目(CIP)数据

数字时代的儿童家庭媒介教育/尚媛媛,张梅珍著. —武汉:中国地质大学出版社,2024.12. —ISBN 978-7-5625-6104-0

Ⅰ. G782;G206.2

中国国家版本馆 CIP 数据核字第 2025ITD358 号

数字时代的儿童家庭媒介教育

尚媛媛　张梅珍　著

责任编辑:张玉洁	选题策划:江广长　陈　琪	责任校对:徐蕾蕾

出版发行:中国地质大学出版社(武汉市洪山区鲁磨路388号)　　邮编:430074
电　　话:(027)67883511　　传　　真:(027)67883580　　E-mail:cbb@cug.edu.cn
经　　销:全国新华书店　　　　　　　　　　　　　　　　　https://cugp.cug.edu.cn

开本:787mm×960mm　1/16　　　　　　字数:126千字　　　　印张:7
版次:2024年12月第1版　　　　　　　　印次:2024年12月第1次印刷
印刷:湖北睿智印务有限公司

ISBN 978-7-5625-6104-0　　　　　　　　　　　　　　　　　　定价:48.00元

如有印装质量问题请与印刷厂联系调换

目 录

第一章 绪 论 (1)
一、数字浪潮下的儿童成长 (1)
二、家庭是儿童媒介教育的"第一所学校" (2)
三、本书的撰写初衷与结构概览 (4)

第二章 数字媒介概览 (6)
第一节 数字媒介的定义与生态 (6)
一、数字媒介的基本概念与分类 (6)
二、数字媒介在儿童生活中的全面渗透 (7)

第二节 数字媒介的双刃剑效应 (8)
一、数字技术赋能儿童成长 (8)
二、数字媒介给儿童成长带来的潜在风险与挑战 (9)

第三章 家庭在儿童媒介教育中的角色与面临的挑战 (11)
第一节 家庭媒介教育的必要性与挑战 (11)
一、数字时代儿童家庭媒介教育的紧迫性 (11)
二、数字时代儿童家庭媒介教育面临的挑战与机遇 (12)

第二节 数字时代家庭媒介教育的理论基础 (14)
一、媒介素养的核心理念与发展 (14)
二、我国媒介素养研究的本土化探索 (17)

第三节 父母媒介素养与儿童媒介使用 (19)
一、家庭媒介使用与父母干预策略的研究探索 (19)
二、父母媒介素养与儿童媒介使用的研究 (20)
三、父母干预策略与影响因素 (21)
四、父母媒介素养对干预策略的影响 (25)

五、关于父母干预与儿童媒介使用的研究 ……………………… (26)

第四章　实证研究:父母媒介素养与干预策略 ………………………… (28)
　第一节　研究方法与过程 ……………………………………………… (28)
　　一、研究假设的提出 ……………………………………………… (28)
　　二、问卷设计与调查过程 ………………………………………… (29)
　　三、问卷的信效度分析 …………………………………………… (34)
　第二节　数据分析与发现 ……………………………………………… (38)
　　一、描述性统计分析概览 ………………………………………… (38)
　　二、父母媒介素养对干预策略的影响分析 ……………………… (50)

第五章　父母媒介素养的影响路径与提升策略 ………………………… (56)
　第一节　家庭文化资本与干预策略的双重影响 ……………………… (56)
　　一、影响路径一:家庭文化资本的无形传承 …………………… (56)
　　二、影响路径二:不同干预策略的有形管控 …………………… (58)
　第二节　提升父母媒介素养,优化干预策略 ………………………… (65)
　　一、明确父母的教育者与把关人身份 …………………………… (65)
　　二、培养持续学习的能力,适应数字时代 ……………………… (67)
　　三、充分合理地利用媒介资源 …………………………………… (69)

第六章　未成年人模式在儿童家庭媒介实践中的应用 ………………… (71)
　第一节　儿童媒介使用的保护与治理措施 …………………………… (71)
　　一、持续优化的未成年人使用模式 ……………………………… (71)
　　二、实名认证制度 ………………………………………………… (73)
　　三、隐私和个人信息保护 ………………………………………… (73)
　　四、防沉迷(综合)管理 …………………………………………… (74)
　　五、应急、投诉和举报机制 ……………………………………… (74)
　第二节　未成年人模式的现状与优化 ………………………………… (74)
　　一、短视频应用软件未成年人模式的设置 ……………………… (75)
　　二、短视频应用软件存在的问题 ………………………………… (78)
　　三、音频平台未成年人模式的设计与使用 ……………………… (80)
　　四、音频平台未成年人模式的用户需求与功能优化 …………… (82)

第七章　面向未来的儿童家庭媒介教育 …………………………………(84)
第一节　构建新型家庭媒介教育环境 …………………………………(84)
一、家庭媒介教育的未来趋势 ………………………………………(84)
二、制定使用规则,构建新型家庭媒介教育环境 …………………(85)
第二节　创建政府、互联网企业、家庭多方协同的育人模式 …………(88)
一、政府:从"资源供给者"转变为"生态构建者" …………………(89)
二、互联网企业:完善协同支持体系,为家庭媒介教育提供资源和保障 ……(90)
三、家庭:无可替代的"数字守门人" ………………………………(92)
第三节　赋能乡村媒介素养教育 ………………………………………(93)
一、数字鸿沟下不容小觑的网络风险 ………………………………(93)
二、着力完善农村媒介素养服务体系 ………………………………(94)
三、一体化模式弥补农村儿童监管缺位 ……………………………(94)

第八章　总结与展望 ………………………………………………………(96)

主要参考文献 ………………………………………………………………(98)

第一章 绪 论

一、数字浪潮下的儿童成长

随着科技的迅猛发展,人类社会已全面迈入数字时代,数字技术的广泛渗透正以前所未有的深度重塑社会的各个领域。互联网技术的飞跃发展,不仅突破了地理与文化的界限,还极大地促进了不同文化和价值观的广泛传播与深入交流。数字技术的革新更使得远程工作与在线教育成为现实,极大地增强了人们工作与学习的灵活性与便利性。同时,社交媒体与即时通信工具的普及应用,也彻底革新了人们的交流方式,实现了远程沟通的无缝对接与无障碍交流。

数字技术的广泛应用为社会进步带来了显著的便利与机遇,然而,与此同时也伴随着一系列严峻的挑战与问题。首先,技术发展的不均衡导致了信息与资源分配的不平等,这种不平等进一步加深了数字鸿沟,使得不同社会群体在获取和应用数字技术方面存在着显著的差异。其次,随着个人在线活动的日益频繁,其在线行为及数据已成为其数字身份的重要组成部分,这引发了社会各界对于隐私保护的深切关注。在当前的数字时代背景下,媒介素养已逐渐演变为一项不可或缺的基本能力,它深刻地影响着个体的教育水平、职业发展及生活方式等多个方面。2023年,世界数字教育大会聚焦于"数字变革与教育未来"的议题,明确指出当前数字化转型正深刻地重塑着未来社会结构、人才市场格局及工作模式,在此背景下,数字公民教育的重要性愈发不容忽视。

数字技术的社会影响力对儿童生活的渗透更是呈现出不可逆转的趋势,无疑带来了前所未有的机遇与严峻挑战。数字技术不仅从根本上改变了我们的生产生活方式,更深层次影响着儿童的成长轨迹与家庭教育的各个环节,促使我们重新审视并应对这一变革所带来的深远影响。

手机、平板电脑等设备已成为家庭生活的重要组成部分,儿童使用媒介的机会日益增多,尤其是智能设备在儿童中的快速普及,使得儿童的上网行为呈现出多屏协作使用的趋势。这些媒介不仅丰富了儿童的网络生活,也为他们提供了更多的学习资源和交流渠道。

共青团中央维护青少年权益部和中国互联网络信息中心联合发布的《第5次全国未成年人互联网使用情况调查报告》指出,2018—2022年,小学阶段的未成年人互联网普及率从89.5%提升至95.1%。报告显示,小学学龄儿童的网络使用时间和频率显著增加,网络已成为他们学习、娱乐和社交的重要平台。

小学阶段是儿童前额叶皮层快速发育的关键期。这一时期,儿童逐渐形成信息筛选、逻辑推理等核心认知能力,但其神经抑制功能尚未成熟,对媒介内容的辨别能力较弱,容易沉浸于各类媒介平台营造的泛娱乐化环境中,从而影响健康成长。此外,媒介生态的变化重构了儿童的社会化进程。当代儿童通过QQ群组、游戏社交等途径构建新型同辈文化,这种"媒介化生存"不仅改变了信息获取方式,更重塑了身份认同路径。例如,一些小学生梦想成为"网红",并被网络不良社交行为和低俗文化吸引。若缺乏媒介素养教育,儿童可能将算法构建的"拟态环境"等同于现实世界,导致社会认知偏差。因此,针对小学阶段儿童的媒介使用与媒介教育展开系统性研究具有多维度的必要性。这是构建未来公民数字素养的基础工程,其价值贯穿个体发展与社会治理的双重维度。本书将重点考察小学学龄儿童的媒介使用行为及其家庭媒介教育的实践活动。

二、家庭是儿童媒介教育的"第一所学校"

对于家庭教育而言,数字时代同样带来了深远的影响。一方面,数字技术为家庭教育提供了更多的资源和手段。家长可以通过网络搜索教育资料,参加在线教育课程,甚至利用虚拟现实技术为孩子创造沉浸式的学习环境。这些新兴的教育方式不仅提高了家庭教育的效率和质量,也让孩子在更加丰富多彩的环境中成长。另一方面,数字时代也对家庭教育的传统观念和方法提出了挑战。

家庭是未成年人上网的最主要场所,家长的监督管理方式直接影响着未成年人在家的上网行为。调查显示,近六成小学生日均电子产品使用时长超过半小时,且这一比例随年级增长持续攀升,六年级学生中该比例高达71.47%[①]。这种现象背后既折射出数字技术普及的时代趋势,也暴露出家庭引导机制的不足。值得注意的是,儿童媒介使用质量与家庭陪伴模式密切相关:当父母共同陪伴时,53.80%的孩子能将短视频观看时长控制在半小时内;而在保姆陪伴的情

---

① 张冀,崔茗婷,2024.小学生短视频黏性现状调研与防范机制探析[M]//林小勇.中国未来媒体研究报告(2024).北京:社会科学文献出版社.

第一章 绪 论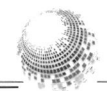

境下,这一比例显著降低①。

家庭逐步成为儿童媒介素养教育的"第一所学校",但家庭在儿童媒介素养教育方面的角色和功能尚未得到充分认识。2022年《中华人民共和国家庭教育促进法》正式施行,进一步明确了父母或其他监护人实施家庭教育的主体责任,强调应当树立"家庭是第一个课堂、家长是第一任老师"的教育理念。但目前只有较少的研究就儿童及其父母如何甄别、选择、掌握媒介知识方面展开探索。针对儿童的媒介素养教育研究和实践主要聚焦于学校教育领域,对家庭场域中的媒介素养教育的观察和分析仍显不足。

Radesky等(2015)指出,手机等媒介在儿童教育中具有积极作用,但父母应根据儿童的成长阶段,判断哪些内容和技术最适合他们,并为其使用设定规则。作为"数字原住民",当代儿童是在互联网和各种数字产品的伴随下成长的一代,他们通过日常生活中的媒介使用经验逐步建立起对网络世界的认知。从幼年起,他们便在父母的影响下接触各类数字产品。作为儿童的第一任老师,家长对媒介的认知与运用,会对孩子的媒介素养产生潜移默化的影响。《中国青少年网络素养调查报告(2024)》指出,个人属性、家庭环境和学校教育等多方面因素对青少年的网络素养产生显著影响;青少年与父母的亲密程度越深,其网络素养越高。

作为儿童媒介使用过程中的"把关人",父母对儿童的引导和管理直接影响其上网的行为和习惯。2021年国务院印发的《中国儿童发展纲要(2021—2030年)》中明确了家庭是儿童"第一所学校"的关键角色,指出家长身负教育儿童、保护儿童的重要责任,要在亲子互动中加强对儿童的引导,助推家庭、学校、社会共同育人和协同培养理念的落地。

尽管在社会支持层面,各类游戏、直播、音视频和社交平台等针对儿童使用设置了未成年人模式②,有针对性地规定了使用时间、使用权限、消费管理等,但这些技术手段都以家长的选择和启用为前提。作为日常生活中与儿童互动最多的人,家长自然也是距离儿童最近的守护者和把关人。

---

① 张冀,崔茗婷,2024.小学生短视频黏性现状调研与防范机制探析[M]//林小勇.中国未来媒体研究报告(2024).北京:社会科学文献出版社.

② 自2018年起,各软件平台开始逐步推出"青少年模式"。2024年11月15日,国家互联网信息办公室正式发布《移动互联网未成年人模式建设指南》,首次提出将"青少年模式"升级为"未成年人模式"。为便于表述和理解,本书依据2024年后的统一命名方式,将相关内容称为"未成年人模式"。在后续对平台功能进行分析时,将用"早期的未成年人模式"指代升级前的"青少年模式"。

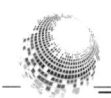

三、本书的撰写初衷与结构概览

儿童家庭媒介素养教育是理论与实践并重的研究课题。父母是儿童媒介使用最主要的引导者和教育者。在数字技术急速更迭的背景下，家庭是儿童使用媒介的主要地点，也是对儿童进行媒介素养教育、培养数字公民的有效环境。随着媒介使用场景的扩展和使用频率的增加，儿童面临的使用风险成为社会关注的议题，加上代际之间的认知、态度及能力差异，这势必在家长的干预行为中引发新的矛盾和冲突。因此，本书通过研究父母媒介素养和不同类型的父母干预策略之间的关系，力图为解读父母在管控儿童媒介使用时的不同表现提供更丰富的解释。

本书聚焦于父母在儿童媒介素养教育中的关键角色，探讨父母媒介素养、干预策略与儿童媒介使用之间的关系，在三者之间建立关联，厘清我国儿童家庭媒介素养教育的落脚点和建设路径；通过对本土实践的多维度考察，以一手资料为基础，深入分析父母干预行为背后的动机与态度，并进行系统的理论探讨；进一步研究了父母媒介素养对干预策略的影响，明确了媒介素养不同维度对父母干预策略影响程度的差异。

本书的研究内容主要包括以下五个方面。

第一，在已有文献的基础上对父母媒介素养和父母干预的概念进行明确解释和探讨分析，将父母媒介素养分为媒介使用、媒介认知和媒介参与三个维度，将父母干预分为共同使用、积极型参与和限制型参与三种类型，并进行了实证分析，探讨父母媒介素养和父母干预策略之间的关系及影响程度，实现对现有研究发现的补充和延伸。

第二，尝试解析父母媒介素养、干预策略与儿童媒介使用之间的关系，并提出了强化父母"把关人"角色、多方助力提升父母媒介素养、科学使用干预策略等建议，为父母干预儿童媒介实践的相关研究提供了新视角和思路。通过分析不同干预策略对儿童媒介使用能力的影响，明确各干预策略的优势和劣势，为父母制订媒介教育计划提供具有指导意义的信息，帮助家长根据自身情况选择更有效的干预措施，进而助力儿童媒介素养的培养。

第三，明确了父母在家庭媒介素养教育中的双重主体身份，为进一步提升家庭媒介素养水平提供更清晰的路径。父母作为教育者，在家庭场域中对儿童媒介实践进行指导；作为被教育者，面对数字技术的更迭，也需要在各界的帮助下

第一章　绪　论

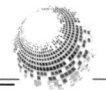

不断提升自身的媒介素养。

第四，鉴于父母和儿童对未成年人模式的高度依赖，笔者对我国音视频平台中未成年人模式的配置、功能及用户体验进行了深入调研，分析了其核心功能，并据此提出了一系列优化建议。

第五，笔者针对亲子关系和育人环境等多个维度，提出了针对儿童家庭媒介教育的实践策略。研究特别强调了父母在媒介使用方面对孩子的重要影响，并提倡父母提升家庭监管能力，发挥积极的榜样作用。此外，研究建议整合社会各界力量，采取多重措施，提升儿童的媒介素养，共同推进我国数字公民教育的发展。

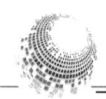

第二章 数字媒介概览

第一节 数字媒介的定义与生态

一、数字媒介的基本概念与分类

在21世纪的今天,数字媒介已经深深融入我们的日常生活,成为信息传播、学习娱乐乃至社交互动的重要载体。数字媒介,顾名思义,是以数字技术(计算机、互联网及通信技术)为基础的媒介形式。在数字化的大潮中,我们将文字、图片、声音、视频等多元信息转化为由二进制代码"0"与"1"编织的"数据织锦",并借此搭建起传播者与受众之间无界限的互动桥梁。从宏观视角审视,数字媒介已远远超越了单纯的存储与接收内容的设备范畴,它更像是一张巨大的网络,网罗了所有通过数字技术相互连接、产生深刻影响的媒介形态。

数字媒介的多样性如同万花筒般绚烂多彩,我们可以从功能独特性、传播灵活性及技术应用前沿性等多个维度,深入剖析其类型。从功能上看,数字媒介可分为信息获取类、社交互动类和娱乐休闲类。每一种类型都如同数字时代的一个音符,共同演奏出信息传播的交响乐。

1. 信息获取类

这类数字媒介主要包括搜索引擎、在线数据库、新闻聚合网站等。它们以提供及时、准确的信息为核心,满足用户在学习、工作、生活中对各类信息的需求。通过算法优化和个性化推荐,这类媒介能够精准地推送用户感兴趣的内容。在互联网发展的初期,搜索引擎如百度、谷歌等便是主要的网络媒介形式。而数字化移动接收终端,如手机、平板电脑等,则以其便携性和强大的功能,成为现代人不可或缺的数字媒介工具。

2. 社交互动类

这类数字媒介主要包括社交媒体平台、即时通信软件、在线论坛等。它们不仅为用户提供了交流思想、分享生活的空间,还促进了全球范围内的社交联系和文化传播。这类媒介的强互动性使得信息传播更加高效、多元。

3. 娱乐休闲类

这类数字媒介主要包括电子游戏、在线视频平台、音乐流媒体服务等。它们通过新颖的互动玩法和丰富的视听体验，为用户带来休闲娱乐的享受，同时也推动了数字内容产业的繁荣发展。

数字媒介作为当代信息传播的重要载体，其定义广泛且类型多样。随着数字技术的进步和应用场景的拓展，数字媒介将在我们的生活中发挥越来越重要的作用。未来，我们有理由相信，数字媒介将带来更多前所未有的惊喜和便利。

二、数字媒介在儿童生活中的全面渗透

教育数字化的推进，为儿童提供了更加广阔的网络学习空间。2023年12月，共青团中央维护青少年权益部、中国互联网络信息中心联合发布了《第5次全国未成年人互联网使用情况调查报告》。报告显示，2022年我国未成年网民规模已经增长至1.93亿，未成年人互联网普及率达97.2%。从首次上网时间来看，大部分未成年人在上小学前就开始使用互联网，且出生时间越晚，该比例就越高。2022年，在未成年网民中，小学生在上小学前开始使用互联网的比例为34.2%，较2021年(28.2%)进一步上升。2024年的调查数据显示，有63.8%的未成年人首次上网年龄在10岁及以前，较2022年上升了11.8%。这表明未成年人触网年龄持续降低，网民低龄化趋势进一步加剧[①]。

小学学龄儿童拥有较多闲暇时间，但由于自控能力较弱和媒介使用缺乏引导，容易出现过度娱乐、沉迷网络的问题。数据显示，52.8%的小学生上网的主要目的是休闲娱乐，如刷短视频、玩手机游戏等[②]。2024年，浙江大学的一项研究显示：由于被动输入过多且缺乏人际言语互动，长时间的电子娱乐会对儿童的语言发展造成明显的负面影响(刘洁含等，2024)。

儿童的网络安全和权益保护问题同样值得关注。尽管网络教育的普及以及家庭、学校和社会等多方面的共同努力，使儿童的媒介素养和安全意识有所提升，但调查显示，仍有50.3%的小学生网民对新型智能设备的安全风险表示担

---

①② 方勇，季为民，沈杰，2024.青少年蓝皮书：中国未成年人互联网运用报告(2024)[M].北京：社会科学文献出版社.

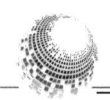

忧①。《青少年蓝皮书：中国未成年人互联网运用报告(2021)》中一项针对北京小学生的调研指出：36.4%的小学生表示上网时经常收到无关信息（如营销广告）；15.3%的人遇到过网络虚假信息或可疑链接；10.1%的人曾在网上遭受辱骂；9.8%的人收到过黄色图片或视频；9.2%的人经历过账号被盗；7.3%的人在网上遇到过骗子；5.7%的人收到过恐怖信息；5.2%的人收到过暴力图片或视频；甚至有2.3%的人在网上被骗过钱②。

在新时代背景下，网络成瘾、拜金享乐主义的传播，以及个人信息泄露等现象，已成为影响儿童健康成长的重要挑战。因此，迫切需要采取有效措施，进一步保障儿童的网络安全与合法权益。

第二节　数字媒介的双刃剑效应

一、数字技术赋能儿童成长

随着数字技术的飞速发展，数字媒介已经成为儿童成长和学习中不可或缺的一部分。数字媒介不仅为儿童提供了丰富的学习资源，还通过互动性和个性化的学习体验，促进了儿童的认知发展。

数字媒介以其丰富的信息量和多样化的表现形式，极大地拓宽了儿童的知识视野。从科普视频到在线课程，从虚拟博物馆到全球文化展览，儿童只需轻点屏幕，就能跨越时空限制，探索未知的世界。这种直观、生动的学习方式，有效激发了儿童的好奇心和求知欲，使学习变得更加有趣和高效。同时，数字媒介还能根据儿童的兴趣点推送相关内容，进一步培养其自主学习的习惯。

数字技术的发展，使得远程协作和即时互动成为可能。儿童可以通过在线教育平台参与小组讨论、完成团队项目，这种跨越地域的学习模式不仅锻炼了他们的沟通能力，还培养了团队协作精神和解决问题的能力。此外，虚拟现实（VR）、增强现实（AR）等技术的应用，更是为儿童提供了沉浸式的学习体验，让

---

①　共青团中央维护青少年权益部,中国互联网络信息中心,2023.第5次全国未成年人互联网使用情况调查报告［R/OL］.（2023-12-23）［2024-04-10］.https://qnzz.youth.cn/qckc/202312/P020231223672191910610.pdf.

②　左灿,2021.2019—2020年北京小学生群体互联网运用现状［M］//季为民,沈杰.青少年蓝皮书：中国未成年人互联网运用报告(2021).北京：社会科学文献出版社.

他们在模拟环境中实践、探索,从而更深刻地理解知识,提升实践能力。

每个儿童都是独一无二的个体,他们的兴趣、能力和学习节奏各不相同。数字技术的运用,使得个性化教学成为可能,促进个性化发展,满足多元化需求。智能推荐系统能够根据儿童的学习行为和兴趣偏好,量身定制学习计划和资源,确保每个孩子都能在适合自己的节奏下学习成长。这种个性化教学方式不仅提高了学习效率,还促进了儿童潜能的发掘和全面发展。

数字时代,自主化的信息选择、双向化的信息交流和社会化的信息生产打造了一个更自由而开放的世界,我们既可以通过媒介快速获取知识、在互动中形成链接,也可能在此过程中受到不良信息的侵害,或疏离现实生活、沉迷网络世界。当前,大多数小学生已习惯通过各类媒介开展学习、社交和娱乐活动。他们手中的媒介是真正成为了"成长助手",还是仅仅被简化为家庭教育的"数字保姆"?这些问题让我们不得不关注儿童媒介使用背后的真实状况。

二、数字媒介给儿童成长带来的潜在风险与挑战

线上与线下相结合的教学模式拓宽了小学生接触学习资源的渠道,在线问答等媒介互动手段也增添了学习的趣味性。但另一方面,媒介使用带来的风险与挑战也不容小觑。

从身体健康的角度来看,小学学龄儿童正处于生理发育和心理成长的重要塑形阶段。2023年全国儿童青少年总体近视率为52.7%,其中小学生近视率为35.6%①。小学生过度使用手机、平板电脑等,会因长时间注视屏幕导致视觉疲劳、调节功能减弱,且蓝光辐射可能损伤视网膜;同时,过度使用数字媒介会减少户外活动时间,多重因素叠加显著增加近视风险。在心理健康方面,过度使用数字媒介可能导致小学生沉浸于虚拟世界,疏离现实中的亲密关系,缺乏锻炼人际交往能力的机会,长此以往甚至可能引发焦虑、注意力不集中、抑郁等问题。

从儿童心理与社会化行为来看,当前泛娱乐化的整体氛围也在潜移默化地影响着儿童的生活态度和价值观。以短视频平台为例,其内容生产模式不同于传统的职业生产内容(occupational generated content,OGC)和专业生产内容(professional generated content,PGC),而是以用户生产内容(user generated

---

① 中国青年报. 我国儿童青少年总体近视率为52.7% 防控近视五大误区需关注[N/OL]. (2023-09-12)[2024-10-21]. https://edu.cctv.com/2023/09/12/ARTIyLGnJz2AdvMj537tHi13230912.shtml.

content，UGC）为主流，人人都可以成为内容的生产者和发布者。在这种模式下，媒介提供的内容丰富多元，覆盖了日常、搞笑、美食、美妆等多方面，但质量良莠不齐。更需警惕的是，平台上存在大量虚假、捏造或有违公序良俗的视频，甚至出现儿童在不良诱导下卷入违法犯罪行为的案例，造成恶劣影响。这些内容不仅会误导儿童的价值观，还可能引发模仿行为，对他们的身心健康构成严重威胁。

短视频平台通过独特的算法推荐机制，能够根据用户的浏览记录（包括信息类别、阅读频次和文章主题等）持续追踪用户偏好，进而刻画其兴趣取向。经过长期的数据分析和计算，平台可以深度解读用户的阅读行为，精准推送个性化内容。然而，这种机制对儿童可能产生负面影响：儿童通过刷短视频能在短时间内获得即时快感，满足情绪需求。长期接受这种刺激会导致他们对即时快感产生依赖，陷入表层的娱乐体验，出现"一做作业就想刷短视频""刷到停不下来"等现象。这种情况不仅影响注意力集中，还会削弱演绎推理和判断能力，导致思维扁平化。此外，信息茧房效应会使儿童长期接收同质化内容，如同困在"回音室"里，导致思维单一、视野受限。若儿童沉迷于网络世界，在短视频平台中构建自我形象、展现自我，却忽略与现实世界中父母、朋友、同学的情感连接，会导致思想、情感与现实生活脱节，出现心理自我封闭，面对现实时可能无所适从。

洛克和卢梭都曾将儿童比作一本空白的书，随着书页被填满，儿童走向成熟。这是一个分阶段、有秩序且与语言发展息息相关的过程。儿童的心智发育尚不成熟，无法辨别媒介仿真性与真实生活的差异，容易沉迷于消遣娱乐和感官刺激。此前歌曲《孤勇者》在小学生中盛行，甚至幼儿园小朋友也满口网络俗语，这些现象都证明了他们极易受到网络流行文化的影响。20世纪80年代，尼尔·波兹曼面对电视文化的冲击时，曾感叹电视使儿童在行为举止、语言习惯、需求欲望和处事态度等方面日益趋向成人化，人们不得不面对"童年的消逝"这一境况。惠慧（2022）指出，在当下的媒介饱和时代，有必要重新回顾1982年联合国教科文组织发布的《媒介素养宣言》：与其一味谴责无所不在的媒介之强大，毋宁正视媒介对世界的巨大影响，承认媒介作为文化要素的重要性。

第三章　家庭在儿童媒介教育中的角色与面临的挑战

第一节　家庭媒介教育的必要性与挑战

一、数字时代儿童家庭媒介教育的紧迫性

1. 面对纷繁复杂的网络信息，家长要做好第一位序的"责任人"

家庭这一温馨的港湾，不仅是孩子们探索媒介的主要舞台，更是他们接受媒介素养教育，逐步成长为合格数字公民的肥沃土壤。家长作为孩子生命中不可或缺的第一任导师，其对媒介的深刻理解与灵活运用，如同春雨般润物无声，深刻地影响着孩子媒介素养的萌芽与发展。家庭在培养儿童媒介素养方面扮演着至关重要的角色。它不仅是孩子们接触和学习媒介的起点，更是他们形成正确的网络观念、提升媒介素养的关键所在。家长在引导孩子们享受数字化带来的便利与乐趣的同时，也应当教会他们如何在网络世界中保护自己，成为有担当、有智慧的数字时代新生力量。

多学科研究表明，家庭是儿童接触媒介的首要场域，是儿童媒介习惯的孵化器。相较于学校的标准化教育，家庭媒介教育更具灵活性和针对性，能根据儿童个体需求进行动态调整。家长作为儿童媒介使用的"第一示范者"和"核心干预者"，其媒介素养、教育理念及营造的家庭媒介环境，直接决定了儿童媒介能力的养成效果（胡鸿影，2023）。研究发现，家长的媒介使用行为会通过"镜像神经元效应"被儿童无意识模仿（卢锋等，2015），而民主型教养方式能显著提升儿童对媒介信息的批判能力（周晓芸等，2024）。

2. 家庭是儿童遭遇网络风险时的"避风港"

随着媒介使用场景的扩展和使用频率的增加，儿童面临的风险成为社会关注的议题。2021年一项针对北京小学生的调查显示：虽然有部分小学生对网络安全隐私比较重视，但网络信息数量庞大、内容复杂，很容易超出小学生的处理能力，存在较大安全隐患；虽然大部分小学生在网上发言比较谨慎，但在网络交往中，很多人不同程度地公布过自己的真实信息：42.2%的人公布了真实性别，

27.8%的人公布了真实年龄,20.5%的人公布了真实姓名,还有14.6%的人公布过真实照片,8.2%的人公布过真实手机号,这些行为都带来了潜在风险[①]。在儿童媒介使用过程中,隐私泄露、网络暴力、非理性消费等影响孩子身心健康的安全隐患层出不穷。当他们遭遇网络风险时,家长始终是最重要的求助对象。家长对媒介风险的认知水平和监管意识,直接影响儿童的安全行为。

与此形成鲜明对比的是,我国家长作为儿童媒介使用的"第一责任人",普遍存在媒介认知偏差与教育能力薄弱问题。《2020年全国未成年人互联网使用情况研究报告》首次针对家长的网络观念和教育方式展开调查。调查显示,50.1%的家长认为家庭是监督引导未成年人上网的最重要因素。然而,57.5%的家长表示自己对互联网了解不多,上网主要用于看新闻或观看短视频;24.7%的家长认为自己对互联网存在依赖心理;另有4.1%的家长表示自己不会上网,1.2%的家长坦言无力干预孩子的过度上网行为。2023年,《第5次全国未成年人互联网使用情况调查报告》指出,家长的媒介素养状况堪忧。虽然家长和老师普遍会对未成年人开展网络安全与健康上网相关教育,但教育的实用性和有效性仍显不足。

胡鸿影(2023)指出,家长媒介素养不足、教育意识淡漠,导致对儿童媒介使用行为的干预以"限制性管控"为主,缺乏有效引导。刘瑜(2023)的实证研究进一步揭示,超半数家庭存在"媒介示范缺位"和"亲子互动薄弱"的问题,尤其在农村地区,家长因数字技能缺失,难以承担教育职责。大量研究证实,家长自身媒介素养不足是制约儿童媒介素养提升的主要瓶颈。现有的诸多调查已表明,当前我国家长对儿童媒介使用的监管和指导相当有限,其媒介素养的不足可能导致在子女上网管理与引导中采取"简单粗暴"的方式或陷入"有心无力"的困境,对于解决子女网络依赖、沉迷游戏等问题也难以起到良好的矫治效果。这凸显了家庭场域下儿童媒介素养教育的严重缺失。

二、数字时代儿童家庭媒介教育面临的挑战与机遇

智能媒介技术的发展使得许多更具复杂性和交互性的媒介进入家庭。父母虽然是子女的主要照顾者和社会化代理人,却常常疲于应对繁忙的工作和快节

---

① 左灿,2021.2019—2020年北京小学生群体互联网运用现状[M]//季为民,沈杰.青少年蓝皮书:中国未成年人互联网运用报告(2021).北京:社会科学文献出版社.

奏的生活,使得手机、平板电脑等移动媒介在一定程度上填补了父母角色的空缺,成为儿童的"数字保姆"和"虚拟玩伴"。由于移动媒介具有更强的"流动的藏私"特性,因此不良信息的传播、网络暴力与欺凌等更具隐蔽性,也更难被察觉。

1. 媒介观差异加剧了儿童家庭媒介教育的困难

"数字移民"和"数字原住民"之间的媒介观差异加剧了父母干预的困难。我国大部分80后和90后在童年时期接触到的仍然是传统的大众媒介,为人父母后,他们对孩子使用数字媒介这一行为的认知和态度也往往不是基于理论或研究,而是基于个人经验。亨利·詹金斯曾说:"成年人常常对那些他们童年时期没有经历过、也并不完全理解的新的媒介形态感到恐惧和焦虑,并且会受到这些情绪的影响。"2019年,陈青文通过对上海部分家长的访谈发现,父母对子女媒介使用的介入行为停留在电视时代,最普遍的方式是重视对时间的把控,而缺乏对内容的关注。虽然部分家长会指导子女运用媒介,但大多是为了规避网络潜藏的风险,而甚少谈及网络提供的机遇。

2. 数字鸿沟进一步加大了儿童家庭媒介教育的难度

新技术浪潮下,父母与子女之间的数字鸿沟进一步加大了父母干预的难度。研究证明,父辈间媒介素养的差距会以代际传承的方式体现,即父母媒介素养的高低直接影响子女的媒介使用质量(王倩等,2012)。然而,成长于数字时代的新一代儿童常被称为"数字技术多任务专家",他们中的部分人对数字技术的掌握程度甚至超过了父母。已有研究表明,当父母对自身的媒介使用技能缺乏信心时,他们难以积极参与和引导子女的媒介使用活动(Shin,2018)。而当儿童感知到父母的某一种媒介使用能力低于自己时,会弱化父母在媒介教育中的话语权和引导者身份。

当前我国许多父母仍将时间管控视为降低媒介负面影响的主要对策,干预方式较为单一。传统的媒介素养教育在面对"数字原住民"时,容易出现失灵的现象。例如,网络游戏为儿童与陌生人社交提供了新的场所和机会,甚至会引起游戏成瘾、结交不良伙伴等特殊风险,忧心忡忡的父母试图寻找更多有效的干预方式对孩子进行网络监管(苏斌原等,2016)。而一项关于父母干预青少年手机游戏行为的调查显示,过度干预可能导致欺瞒性游戏行为的产生(黎藜等,2022)。因网络使用问题引发亲子冲突的现象已较为普遍,尽管父母的约束行为多出于对子女成长的关注,但若缺乏沟通与理解,往往会加剧家庭内部的紧张关系。

如何在尊重儿童认知特点的同时充分发挥数字时代的技术优势,成为困扰父母的新问题,急需有效且明确的引导。父母作为儿童媒介素养的"第一责任人",其角色既是天然赋予的,亦需后天能力建构。唯有通过父母素养提升、家庭媒介环境优化及社会协同支持的三维联动,才能实现从"被动防御"到"主动赋能"的转向,真正筑牢儿童数字化生存的基石。

第二节 数字时代家庭媒介教育的理论基础

一、媒介素养的核心理念与发展

"媒介素养",英文为 media literacy。其中,literacy 一词本义为"识字""读写能力",与 media 结合,在媒介教育研究领域被引申为"具有正确使用媒介和有效利用媒介的一种能力"(卜卫,1997)。但对于"媒介"的认识和理解,在不同时期、地区,伴随着媒介素养理念的革新而有所不同,媒介素养教育的研究和实践也迭开展。

尽管各学者对"媒介素养"的界定有所不同,但其内涵大多与1992年美国媒介素养研究中心提出的定义一致——媒介素养是指人们面对媒介各种信息时的选择能力、理解能力、质疑能力、评估能力、创造和生产能力及思辨能力(Aufderheide,1993)。

媒介素养研究的历史与媒介技术的发展密切相关,每一次技术飞跃不仅拓展了媒介素养的内涵范畴,也催生了新的实践挑战。从19世纪末至20世纪初大众报业的兴起,到20世纪50年代电视走入大众生活,再到20世纪末电子计算机和互联网的出现再次改变媒介格局,媒介素养相关议题在教育学、心理学、社会学、传播学、新闻学等多个领域被广泛关注,其研究也处于不断变化和完善之中。人们对媒介素养的讨论,总体实现了从"保护主义"到"注重媒介参与"的转变过程,具体分为以下四个阶段(刘勇,2016)。

1. 第一阶段:保护主义

"媒介素养"一词出现于1933年。英国文学批评家列维斯在他和学生丹尼·汤普森合著的《文化与环境:批判意识的培养》一书中指出,一个远离大众媒介的有见识和鉴别力、受过高度训练的知识精英有助于保持英国文化的连续性。书中首次提出将媒介素养教育引入学校课堂的建议,认为大众媒介所传播的内容

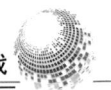

是商业化、低水平的,会破坏原有的社会道德和生活秩序,因此要通过媒介素养教育避免孩子受到不良影响。这标志着英国乃至世界关于媒介素养研究的开始(Craggs,2002)。

这时的媒介素养教育隐含一种前提观念,即孩子在具有巨大影响力的媒介面前是脆弱的、易受伤害的,是被动的受保护对象。这一阶段的媒介素养理念被学者称为"保护主义"。它又分为不同的类型:①文化防御型,即宣称报纸、杂志等类型的流行文化比传统文化的价值低;②政治防御型,即必须保护人们免于错误的信仰和意识形态影响;③道德防御型,表现为对传播内容中的性别、暴力和消费主义的担忧(大卫·帕金翰等,2000)。

2. 第二阶段:培养辨别能力

20世纪60年代左右,以好莱坞为代表的电影业兴起,受到大众的喜爱,昭示着大众媒介有了立足空间,显示出存在的合理性。学者们认识到并非所有媒介内容都是有害的,信息接收者应该提升对内容的辨别能力而非免疫力。这一时期,学界对媒介素养的认识发生了变化,注重对受众辨别能力的训练,但并没有彻底抛弃对传统文化知识的保护。

相较于第一阶段,这一时期的媒介教育者表现出对大众媒介的部分接受和认可。但从教育内容来看,"好"与"坏"的价值评判仍是教育的核心,只是这种评判不再发生于传统文化与流行文化之间,而是在媒介承载内容之间,例如评判不同电影的优劣。因此,很多研究者把这一时期的媒介素养理念看作对"保护主义"理念的拓展与修正。在这两个阶段,学者的关注点都集中在大众媒介所承载的内容上,对媒介本身的认识并不多,发展出的媒介素养教育则特别注重对媒介内容的文本分析,而忽略了媒介形式对内容表达的影响,以及内容在生产、传播、消费过程中的社会情境。

马歇尔·麦克卢汉在《理解媒介:论人的延伸》一书中指出:任何媒介的"内容"都使我们对媒介的性质熟视无睹。他的媒介理论对媒介素养研究的认知和发展产生了重要影响,推动其从"内容中心"转向"媒介本体中心",重塑了人们对媒介本质的理解,并为后续研究开辟了新的方向。实际上,麦克卢汉的警示在算法社会中愈发显现出先知性:当我们在抖音刷短视频、用ChatGPT生成文本时,本质上仍在陷入"关注内容,忽视媒介"的认知陷阱。

3. 第三阶段:培养批判意识

第三阶段的研究始于20世纪80年代。随着电视逐渐占据传播媒介的中心

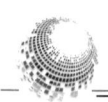

地位,研究者看到了媒介发展背后来自技术、经济、文化等不同方面的推动力量,于是跳脱固有的保护主义枷锁,开始从更为客观的视角看待媒介素养议题。但与此同时,学界认为大众媒介具有"涵化效果",媒介提供的虚拟环境会影响受众对社会的真实建构,进而在潜移默化中影响其价值观。研究者对媒介如何"再现"世界及其背后传递的意识形态产生更深的忧虑,因此提出要培养受众的批判意识。

这一时期出现了"屏幕教育""批判性观看技能""电视素养""视觉素养"等概念,可以看出,研究视角从媒介内容拓展到媒介形式的重要特征上。Buckingham(2013)认为,简单判断内容是正向或是负向,并不是媒介素养教育的首要目标,教育不在于提供具体的评价标准,而在于促进学生对媒介组织、运作、生产、再现等环节的理解。随着政府与各类教育机构的持续推动,欧美等发达国家纷纷将媒介素养教育融入学校的课程中,并逐步形成标准化的教学方式和课程体系,使媒介素养教育实践得以展开。

4. 第四阶段:注重媒介参与

20世纪90年代以来,电脑、手机等设备不断涌现,大众媒介的影响力越来越大,媒介使用成为日常生活的重要内容。媒介素养理念发展到第四阶段,学者从参与式文化视角出发,认为以培养受众批判意识为核心的传统媒介素养已过渡为以媒介参与为主的新型媒介素养。

Buckingham(2013)系统梳理了英国媒介教育的历史脉络、理论转向与实践困境,指出过去的媒介教育者倾向于持保护主义立场,即强调媒介的潜在危害性,试图保护学生免受其负面文化、道德或意识形态的影响。然而,这一立场因未能充分认识到年轻人媒介体验的复杂性,也未能帮助他们适应急剧变化的媒介环境而受到批评。他提出的从"保护主义"向"批判性参与"的范式转型框架具有里程碑意义。

随着数字技术的不断发展,2001年,英国学者大卫·巴顿指出,媒介素养正经历"数字化转变",欧美国家的媒介素养理论衍生出"新媒介素养""数字媒介素养"等观念。美国新媒介联合会2005年发布的《全球性趋势:21世纪素养峰会报告》将新媒介素养界定为"由听觉、视觉及数字素养相互重叠共同构成的一整套能力与技巧,包括对视觉、听觉力量的理解与使用能力,对数字媒介的控制与转换能力,以及对数字内容的普遍性传播和再加工能力"。这个概念强调了大众解读、创造和传播信息的能力,指出要通过"赋权"消费者,使其化身为内容的生产者和传播者,提升其接触、辨别、批判、创造传播内容的能动性。

然而,媒介素养本质上是一个动态发展的整合性概念,其内涵随媒介技术演进不断丰富,而非被割裂为"传统媒介"与"新媒介"两个对立范畴。上述报告发布于2005年,彼时"新媒介"主要指互联网与多媒体技术。随着技术演进(如人工智能、虚拟现实技术的发展),媒介素养的内涵持续更新。例如,当前研究进一步纳入数据素养(大数据分析能力)、算法批判意识(破除信息茧房的能力)、伦理素养(应对AI伦理风险的能力)等维度。

传统素养中的"批判性解读报纸立场"与数字时代的"识别社交媒体假消息"共享同一思维内核——对媒介内容的解构与反思。无论面对何种媒介,质疑、验证、思辨始终是素养的支柱。媒介素养的核心目标始终是"使人成为媒介环境的主动参与者,而非被动接收者"。

媒介素养是主体性能力,其发展始终围绕"人的需求"而非"技术的新旧"。真正需要讨论的不是新旧媒介素养之分,而是如何构建一个既传承历史智慧又包容技术潜能的整合性素养框架。这要求我们以连续性视角看待媒介素养:它如同一条不断拓宽的河流,技术浪潮带来新的支流,但"批判、参与、赋能"的水脉始终奔涌其中。因此,本研究仍采用"媒介素养"的概念指代主体使用各种媒介所需的能力。

二、我国媒介素养研究的本土化探索

媒介素养相关议题植根于不断变化的媒介格局之中。目前,学界对媒介素养的研究仍处于全面探究与深入摸索的阶段。大部分研究认为,新媒介素养是媒介素养的前沿话题,而不是一个独立的新领域。

"媒介素养"一词作为舶来品由西方传入中国。与国外历经革新的媒介素养演进历程和颇为丰富的研究成果相比,国内学术界对此议题的关注较晚,早期研究多是对其概念、演变历程的讨论。

1997年,卜卫发表《论媒介教育的意义、内容和方法》一文,率先详细阐述了媒介素养的概念及国外媒介素养教育的内容。之后,媒介素养相关议题受到国内学者的广泛重视。宋小卫(2000)在《西方学者论媒介素养教育》一文中,梳理了媒介素养教育的八大理念及十八项基本原则,将大卫·帕金翰的"超越保护主义"带入大众视野。在研究专著方面,蔡帼芬等主编的学术论文集《媒介素养》,是国内第一部比较全面系统地阐述媒介素养及教育工作的著作。

纵观国内早期的理论研究,研究目标集中于规避媒介负面影响(如暴力、低俗内容)。学者们不仅将国际视野引入中国,也在为构建本土化的知识体系不断努力,从媒介资讯处理能力与互动意愿两个层面来考察大众媒介素养的基本状况,并对媒介素养与文化、组织与社会结构之间的关系进行了初步阐释。在媒介素养的培养上,耿益群等(2012)从课程设置宗旨、实施主体等方面对美国开展的K-12媒介素养教育①课程进行了分析;孙婧等(2020)借鉴了英国最新媒介研究课程标准和评估分析框架,提议以保护、鉴别、赋权为宗旨设置多层次的课程目标,并设置跨学科教育内容,构建符合我国媒介素养教育特点的多元化评价体系。

在媒介化社会中,媒介素养已成为公民的基本素质之一。受经济、文化等社会资本的影响,特定群体的媒介素养状况研究成为极具现实意义的课题。青少年、农村留守儿童和大学生是研究的重点人群。陈苗苗(2009)从使用和满足动机入手,在传统媒介素养理论基础上拓展了青少年的媒介素养观。李艳红等(2011)指出,农村留守儿童看电视的行为是一种能动的文化行为,体现出对理想家庭的知识建构。雷颖等(2017)对大学生的媒介素养现状展开实证调查,并提出了相应的提升路径。后期研究领域也逐渐扩展至老年人、少数民族、女性和教师等群体。老年人群体尤其成为学者关注的对象:"家庭反哺"不足、媒介话语权失衡及相关媒介知识匮乏等问题,使大批老年人对数字技术望而生畏,与飞速发展的时代渐行渐远。因此,研究老年人群体的媒介素养成为亟待解决的社会议题。

此外,从媒介素养理论需求和媒介素养教育的实践需要出发,学者们开始重视并深入研究媒介素养的评测问题。媒介素养通常被视为一种包含使用、分析、评价、创造等多方面的综合能力。联合国教科文组织将其评价体系划分为获取、评估和创建三项一级维度,包含12项二级维度及113项具体表现(UNESCO,2013)。这一评价体系为后续媒介素养量表的编制与实证研究提供了可靠依据。许多国内学者在此理论基础和测量框架上,从不同维度出发,针对特定群体构建出更为本土化、可操作性更强的媒介素养评估体系。一些学者的研究情况见表3.1。

---

① K-12教育是指从幼儿园(kindergarten)到12年级(Grade 12)的基础教育体系,通常覆盖5~18岁的学生。这一术语主要在美国、加拿大等国家使用,但类似的学制结构也被许多其他国家借鉴。

第三章　家庭在儿童媒介教育中的角色与面临的挑战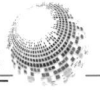

表 3.1　媒介素养评测研究示例

研究者	发文年份	研究对象	媒介素养的测量维度
郑欣	2008	政府官员	媒介认识、媒介接触、媒介使用、媒介环境适应
陈苗苗	2009	青少年	媒介使用动机、获得需求
郑素侠	2010	农民工	媒介使用、媒介认知、媒介评价、媒介参与
丁卓菁	2012	老年人	媒介使用
郑素侠	2013	农村留守儿童	媒介接触方式、媒介接触动机
刘鸣筝等	2017	公众	使用能力、评价能力、分析能力
陈小普	2017	大学生	网络认知、网络行为
李金城	2017	公众	信息的获取、评估、参与、交流、合成
孙婧等	2022	小学生	媒介知识、媒介技能和媒介态度

从国内学者对媒介素养评测框架的建构可以看出，媒介素养的测量是对综合能力的考察，这在丰富理论研究和提升我国民众媒介素养的实践中均具有重要意义。

第三节　父母媒介素养与儿童媒介使用

一、家庭媒介使用与父母干预策略的研究探索

早在电视时代，家庭媒介素养教育就是一个备受关注的话题。20世纪80年代，美国父母为了防止媒介管制取消后，低标准电视内容对儿童产生不良影响，纷纷介入儿童的电视观看行为。

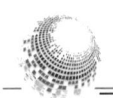

父母干预(parental mediation)是指父母为了发挥媒介的积极作用,避免媒介对儿童的消极影响而主动采取的措施,是父母对儿童所接触的媒介及内容进行控制、监督和解释的所有策略(Warren,2001)。早期调查发现,父母干预在儿童媒介教育中起到了一种减少媒介消极效应的保护作用。研究人员曾建议父母采取限制电视观看时间等干预手段,并指出父母在儿童社会化过程中扮演着重要角色,他们通过影响儿童与外部社会化因素(如媒介)之间的互动来塑造其社交方式,以确保儿童免受不良社会影响。早期的父母干预理论一直聚焦于如何通过干预行为减轻媒介的负面影响,但随着研究的深入,学者们逐渐意识到父母在管理和调节孩子的电视体验方面可以发挥积极作用,因此应更辩证地看待儿童的媒介使用行为,鼓励家长在此过程中发挥积极的引导作用,尝试探寻在儿童的媒介使用过程中提高效能且降低风险的最优路径。除"父母干预"外,国内也有学者从家庭教育、家庭传播的视角出发,将其命名为"亲职监督"(张煜麟,2015)、"父母监控"(吴娜,2016)、"家长管束"(刘派,2017)、"亲职督导"(赖泽栋,2018)或"家长介入"(陈青文,2019)。

这一时期的西方学者将父母干预策略分为限制型干预、共同使用和积极型干预三大基本类型。限制型干预,指父母制定规则,对儿童接触的媒介内容和使用时间进行限制。共同使用,指家长与子女一起使用媒介,但没有积极展开讨论。积极型干预,指家长将媒介信息的内涵以教育性、思辨性的方式解释或传递给子女。

在智能媒介技术驱动下,电子游戏、互联网及移动终端等高交互性媒介深度渗透家庭场域,其功能复杂性持续升级。手机等设备使不良信息接触、网络暴力等风险更具隐蔽性;基于电视线性传播与空间固定性构建的家长干预策略(如共视监督、内容筛选),难以适配移动媒介的碎片化渗透与场景流动性,导致监管效能衰减。传统媒介经验与智媒操作逻辑的错位,导致家长风险识别能力滞后于技术迭代速度。这标志着家庭媒介教育范式的根本性转向——亟需建立新的媒介教育体系,重构风险监测机制,提升家长的数字能力、弥合认知鸿沟,重建教育主体性,并将设备商、平台、学校纳入责任共担网络。

二、父母媒介素养与儿童媒介使用的研究

媒介素养理论经历了四个阶段的范式转移,从早期的"保护主义"取向逐渐发展为强调"媒介参与",由全面抵制的态度转变为通过"赋权"使消费者成为媒介活动的积极参与者。这一变化不仅反映了媒介技术发展背景下媒介素养理念内涵的演变,也体现了媒介素养教育内容和方法的变迁。

作为儿童的"第一任老师",父母会通过言传身教影响儿童的媒介使用行为,其自身的媒介素养也会影响对子女的上网管理方式,但我国家庭媒介教育存在显著的不足。2023年12月发布的《第5次全国未成年人互联网使用情况调查报告》显示:近三成家长表示对互联网了解有限,上网主要从事简单的娱乐活动;超过四分之一的家长认为自己对互联网存在依赖心理;超过三成的家长未意识到在相关应用上发布子女动态可能存在安全风险。除了有意识的干预,父母自身对媒介的态度、日常上网习惯等都会在无形中投射到儿童身上。

由于手机、平板电脑、智能手表等设备具有便携性和移动性,父母难以对儿童的媒介使用行为进行密切监测。Livingstone(2002)建议将"消极的限制"转变为"积极的监管",以积极引导的态度帮助儿童浏览媒介世界。但《青少年蓝皮书:中国未成年人互联网运用报告(2024)》显示:当家长上网遇到困难时,超过一半(55.7%)的未成年人有时教家长如何操作,32.3%的未成年人经常教家长操作;而在家长教未成年人上网知识或技能方面,只有18.6%的家长经常教,52.6%的家长有时教,23.8%的家长从未教过。这表明家长在未成年人媒介教育中的参与度整体不高。

作为儿童的"教育经纪人",媒介素养不同的父母会选取不同的策略来干预儿童的媒介使用行为。媒介素养较高的父母更倾向于采用积极型干预或共同使用的方式来管理孩子的上网行为,而非通过限制手段隔绝孩子的媒介使用机会(Graber et al.,2012)。周楠等(2022)的调研指出,父母与儿童之间积极有效的沟通,能为儿童提供情感与信息支持,减少儿童的手机使用时长并降低其成瘾风险。然而,父母对儿童手机使用的严格监控却可能增加其成瘾风险。这或许是因为中国父母普遍对儿童使用手机持消极态度,采取过度限制的措施,结果适得其反——孩子可能通过隐瞒、欺骗等方式偷偷使用手机,从而更容易发展出成瘾行为。

三、父母干预策略与影响因素

(一)父母干预策略的类型

学界关于父母干预的研究可以分为传统媒介干预研究阶段和数字媒介干预研究阶段。20世纪80年代,干预策略相关研究在电视、电影、游戏机等传统媒介

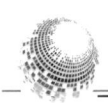

的兴起中逐渐萌芽,大量学者对此开展父母干预行为的实证研究,分析父母干预行为对儿童媒介认知、使用、态度等方面的影响。如前文提到的,该时期西方学者将父母干预分为限制型干预、共同使用和积极型干预三大基本类型。在此基础上,学界采用媒介效果理论、儿童社会化理论、保护动机理论、使用与满足理论等作为主导范式开展相应研究,主要聚焦于三类主题——父母干预儿童媒介使用的现状描述、父母干预行为的动机和因素探索,以及父母干预行为的效果(曾秀芹等,2020)。这一阶段国内的父母干预研究尚未真正起步。宋小卫等(1990)指出家长在儿童媒介使用过程中的重要地位,认为家长在儿童媒介教育中通过保护性措施来降低媒介负面效果。此后,以卜卫(1991)为代表的学者开始关注儿童与媒介关系的研究,对儿童媒介使用背后的心理动因、兴趣指向、社会化等情况进行了调查分析。

随着媒介技术的快速演变,父母干预的对象也延伸至电脑、手机、网络游戏等数字媒介形式。学者一方面对原有的干预策略进行细分,提出监控、一般限制、技术限制等干预策略;另一方面则对父母干预行为的动机进行深入探索。例如,通过叙事探究发现,限制型干预行为的持续性受触发原因影响,在儿童视角下,父母媒介限制型干预行为的触发原因主要有三类——媒介使用习惯、价值导向和利益冲突。

此外,网络游戏为儿童与陌生人社交提供了新的场所和机会,甚至会引起游戏成瘾、结交不良伙伴等特殊风险。忧心忡忡的父母试图寻找更多有效的干预方式对孩子进行网络监管。虽然父母干预在总体上是否产生正向或负向效果难以一概而论,但可以确定的是,父母在媒介影响儿童的过程中发挥着重要作用。

数字时代的一些研究拓展了父母干预策略的边界。Livingstone 等(2008)提出了一种称为"监控"的策略,即父母查看孩子的电子邮件或浏览过的网站内容。Nikken 等(2006)则引入了一个类似的概念——"监督",指的是父母密切关注孩子与数字设备的互动,并仅在自己在场的情况下允许孩子上网。此外,他们还提出了"技术安全指导"这一干预策略,包括启用防病毒程序、垃圾邮件过滤器及儿童保护类应用程序等技术手段。还有学者将单一的干预策略视为可依据情境流动的"可变组合",提出守门型、多样型、散漫型和调查型等干预组合,但总体来说,父母干预策略的细化和丰富仍然基于原有的三种干预类型。

(二)影响父母干预策略的主要因素

儿童和父母的人口统计特征、亲子互动模式及父母媒介素养都会影响父母的干预策略。

1. 儿童和父母的人口统计特征

许多研究表明,儿童和父母的人口统计特征是影响父母干预行为的重要因素,如儿童的年龄、性别,以及父母的性别、受教育程度、社会经济地位等。

对于不同年龄段的儿童,父母的干预手段和程度有所不同。早期研究发现,儿童的年龄与父母对电视使用的干预程度呈负相关(Nathanson,2001);在互联网和游戏的使用过程中,父母倾向于对年幼的孩子进行更多的干预(Nikken et al.,2006)。然而,随着研究不断深入,当父母对媒介的看法被纳入多变量分析中,作为父母干预的预测因子时,儿童的年龄变得不那么重要(Shin et al.,2017)。

一些涉及儿童性别的研究发现,男孩比女孩更容易受到父母的干预。对于这一差异,有学者认为可以归因于文化环境与信仰背景的不同。在父权主导的家庭中,男孩会获得更多的关注或承受更高的期待,进而引发更多的干预行为(Top,2016);也有学者认为这与父母对媒介的认知有关,而并非由孩子的性别决定(Shin et al.,2017)。关于家长的性别与父母干预之间的关系,通常认为母亲更容易参与到儿童的媒介使用过程当中;但也有其他研究证明二者之间的关系很弱,父母参与育儿的程度比家长的性别更重要(Warren,2002)。

此外,父母的受教育程度、社会经济地位等也会影响其干预行为。低学历和低收入水平的父母与子女之间的媒介使用"数字鸿沟"更大,较多地采用限制型干预手段;而高学历和高收入水平的父母具有丰富的媒介使用经验和能力,倾向于进行积极干预(曾秀芹等,2020)。收入及社会地位较低的父母因忙于为生计奔波,缺乏与子女有效沟通媒介使用行为的机会,父母干预行为也同时减少。有研究认为,家长受教育程度与积极干预子女的电视使用呈正相关,但与对游戏等媒介使用的干预行为呈负相关(缪佩君等,2019)。与乡村家庭相比,城市家庭的网络设备使用时间更短,表现出明显的秩序性,且城市的父母会有意识地选择媒介内容,如让孩子观看含有科普知识的纪录片(张卓等,2020)。

通过以往研究可以发现,在多样化和协同使用的媒介环境下,亲子的人口统计特征并不能充分解释父母干预行为,其他因素如亲子互动模式、父母媒介素养也应视为影响父母干预实践的潜在因素。

2. 亲子互动模式

父母干预儿童媒介使用的过程涉及亲子之间的人际交往,因此亲子互动因素被认为在解释父母干预行为中发挥着重要作用(Clark,2011)。不同父母在儿童媒介使用过程中的参与程度有所不同,一些父母频繁地与孩子互动,而另一些父母则与孩子保持距离(Shin et al.,2017)。在良好的亲子关系中,父母认可子女的自主性并善于提供温暖和支持。研究显示,善于提供温暖和支持的父母,并能通过亲子互动经验采取适度管控行为的父母,更有可能正向引导儿童的上网行为(Padilla-Walker,2011)。亲子相处时间和共享活动频率,与父母对儿童电视观看的干预显著相关(Warren,2001)。

有学者从家庭传播理论视角出发,分析不同亲子互动模式中父母倾向于使用何种干预策略及其干预效果,认为父母采取积极介入策略能有效降低青少年经历网络霸凌的风险(朱秀凌,2021)。少数受教育程度不高的家庭以民主权威型的教养方式克服了自身媒介素养的不足(杨慧琼等,2021)。一些家长虽然有干预意识,但无法辩证地看待媒介带来的机遇与挑战,倾向于通过传统限制手段降低网络风险。陈青文(2019)建议,父母应采用如国学教育和传统文化学习等高质量陪伴方式来引导和支持孩子,进而塑造健康的亲子关系。黎藜等(2022)在"反连接"理论的基础上提出转移型干预策略,即父母向子女提议用线下、健康的活动代替媒介的使用。也有学者指出,数字时代的子女在建构家庭沟通模式上具有"能动性",并非完全依托于家长的保护或规范意志,有必要跳脱传统的视角,尝试思索"以年轻人为中心"的父母干预运作模式(张煜麟,2015)。

3. 父母媒介素养

不少研究发现,在"接入沟"①迅速缩小的数字时代,父母媒介素养是影响其干预策略的重要因素。至此,媒介素养理论被引入父母干预相关研究,父母媒介素养、亲子间媒介素养差异等成为数字媒介发展阶段的关注议题。国内学者也从媒介素养的角度出发,将父母的教育引导视为提升儿童媒介素养的关键,并在"亲职监督""父母监控""家长管束""亲职督导""家长介入"等概念框架下,对父母干预策略的选择、实施效果及其影响因素进行了研究。

作为儿童接触媒介的重要把关人和参与者,父母对媒介的识读能力会影响儿童的家庭媒介素养教育,进而影响其干预行为(Kowalczyk et al.,2016)。例如,当父母认为电子游戏可能对孩子产生负面影响时,往往会对其使用进行更多

---

① 接入沟(access gap)是指不同群体在获取和利用信息技术资源方面存在的差异。这种差异通常源于经济、社会、地理或政策等因素,导致部分群体难以平等地接入和使用信息技术,进而构成数字鸿沟的重要组成部分。

限制。

结合"自我效能"理论分析,父母对自身互联网操作技能的自信程度与其参与监督孩子媒介使用的程度呈正相关。此外,父母干预行为中存在"第三人效果",即相较于他人的子女,父母常低估媒介对自己子女的影响,对孩子辨别电视或互联网信息的能力过于自信。

除了对媒介的认知差异外,父母自身的媒介使用能力也在很大程度上影响着其干预的水平与方式。在媒介影响儿童的过程中,成人在儿童面前扮演着"意见领袖"的角色,年龄越小的儿童,越容易依赖成人来确认来自媒介的信息(卜卫,2002)。目前,父母自身的媒介消费行为如何影响其对儿童使用数字技术的干预,这一问题尚缺乏充分研究。但学界普遍认为,随着数字技术的快速发展,部分家长在媒介使用能力方面反而不如在数字环境中成长起来的子女,这在一定程度上削弱了父母干预的有效性。

四、父母媒介素养对干预策略的影响

数字媒介的诞生不仅改变了人们的生活方式,也改变了儿童的社会化过程。网络获取信息的便捷性,削弱了成年人对儿童的信息控制能力。随着手机、平板电脑等媒介深度融入日常生活,父母指导儿童开展媒介实践的重要性愈发凸显,媒介素养成为父母必备的基本素质之一。如何有效引导孩子使用媒介,既改善亲子关系又提高儿童媒介素养,已成为社会关注的焦点。

一些实证研究将父母的媒介感知能力作为影响其干预策略的因素,认为当父母倾向于认为电视内容具有正面影响时,他们会采取共同使用策略,与儿童共同观看电视(Nathanson,2001)。在关于儿童使用网络游戏的干预研究中发现,对游戏持消极态度的父母会采取时间限制、接触类型限制等策略,而对游戏持开明、乐观态度的父母则更有可能与儿童一起玩游戏(Nikken et al.,2006)。媒介素养较低的父母难以与儿童开展积极讨论,更倾向于采取传统的限制方法来规避儿童在媒介使用中可能存在的风险(Sonck et al.,2013)。面对作为"数字原住民"的新一代儿童,代际"数字鸿沟"会使父母干预的权威瓦解(何志武等,2015)。已有研究大多将媒介素养视为整体,考察其对干预策略的影响,却未分析两者在各维度上的相关性。因此,父母媒介素养与干预策略选择的相关性仍需通过进一步的量化研究加以验证。

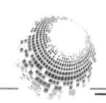

五、关于父母干预与儿童媒介使用的研究

不同干预策略的效果分析是父母干预领域研究中的热点议题。现有研究表明,父母的媒介干预策略会对儿童的媒介认知能力、使用水平、成瘾倾向乃至社会行为等多方面产生重要影响。

1. 共同使用策略对儿童媒介使用的影响

父母干预起源于电视时代,学界关于共同使用策略的效果研究大多基于亲子"共视"行为,而这些研究的观点也不尽相同。有学者认为亲子共同观看电视的过程增加了家庭沟通的机会,有助于建立良好的亲子关系(Warren,2002)。同时,共同观看电视的行为能帮助学龄前儿童加深对媒介内容的理解(Fujioka et al.,2003)。但也有研究证明,若父母未对共同观看的媒介内容加以选择,容易产生不利影响。例如,当幼儿看电视的时间增加时,他们接触成人内容或暴力内容的可能性也随之提高。如果父母不对该行为进行积极引导或调控,孩子就可能在无意识中接受并模仿电视所传递的信息。

2. 积极型干预策略对儿童媒介使用的影响

积极型干预策略是指父母在儿童媒介使用过程中提供解释性、教育性或批判性的观点。这类干预行为有助于引发儿童对媒介信息的思考,并逐渐形成更为完备的媒介认知和态度,规范其媒介使用行为。

研究者通过定量调查、深度访谈、观察法等研究方法对父母干预行为在减少网络霸凌、构建良好亲子关系、激发儿童学习兴趣等方面的具体效果进行了分析。例如,有学者发现积极干预可以有效降低儿童遭受网络霸凌及隐私泄露的风险(Duerager et al.,2012);还有研究表明,亲子对媒介内容的深度沟通可以降低儿童的手机使用成瘾性(Hefner et al.,2018)。此外,一个比较一致的发现是,积极型干预在减少不良媒介对儿童的影响方面比其他类型的家长干预更有效,因为通过亲子对话及思辨探讨的方式更有利于儿童批判性思维的培养(Fujioka et al.,2003)。

3. 限制型干预策略对儿童媒介使用的影响

限制型干预策略是指父母对儿童的媒介内容选择、使用时间、使用频率和具体活动等进行限制,既包括制定一般规则,也包括利用青少年模式、屏幕时间管理等技术手段进行干预,以及通过浏览器、社交账户监控儿童上网动态等监控措施。

虽然限制型干预和共同使用被认为不如积极型干预有效,但并不意味着它们对儿童的媒介使用行为没有影响。限制型干预可有效降低儿童个人信息在网络上泄露的风险。此外,父母所采取的限制性措施也有助于减少儿童参与网络游戏、即时通讯等在线社交行为的次数。但与此同时,在媒介设备愈发私人化的当下,"口头制定规则"式的限制型干预策略的管控效果有待考察。面对生长在数字时代的儿童,父母为平板电脑设置密码等技术型限制手段容易被"破解",其时效性和实效性都难以保证;而监控等过于强硬的限制手段又可能过分压缩儿童媒介使用的空间,从而引发儿童的逆反心理,导致亲子关系恶化(赖泽栋,2018)。

总之,随着数字技术的飞速发展,媒介素养的定义和内涵不断地拓展更新,媒介素养教育的内涵也随之扩大,对媒介使用的认知与使用行为的研究也提出了更高的要求。面对新技术浪潮下父母与子女之间媒介使用"技术沟"的问题,父母的媒介素养到底如何影响其干预行为是当前亟待研究的议题,本土化研究也有待丰富。当前已有部分学者开始基于某种特定的媒介探索我国父母的干预行为。考虑到媒介协同使用的现实情境,笔者将探讨在家庭情境中父母对子女使用手机、平板电脑、智能手表等媒介的整体干预策略。

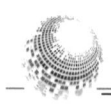

第四章 实证研究:父母媒介素养与干预策略

第一节 研究方法与过程

一、研究假设的提出

结合已有研究关于媒介素养的定义及测量维度的划分,本研究从媒介使用、媒介认知及媒介参与三个维度入手,考察父母在日常生活中对媒介的基本使用能力、认知评判能力及深度参与能力。

目前,媒介素养教育的宣传和实践主要集中在 K-12 学校教育阶段,而在家庭媒介素养研究及家长与孩子共同参与的媒介素养实践方面,关注度仍相对不足。在父母干预策略中,共同使用是指子女使用媒介时父母在场或偶尔予以协助,但不进行深入讨论或积极引导。在互联网时代与后疫情背景下,随着在线学习的普及,共同使用媒介成为现代家庭常见的亲子互动方式,例如父母协助子女通过电脑等设备完成在线学习,或将手机、平板电脑作为"数字保姆"辅助育儿。笔者推论,具备一定媒介接触和使用能力的父母,更有可能采用共同使用策略来辅助孩子的媒介使用行为,或以共同使用媒介来替代高质量亲子互动活动。由此,本研究提出假设 H1a。

H1a:父母媒介素养在媒介使用、媒介认知、媒介参与三个维度上对共同使用策略均产生正向影响。

受众在接触媒介信息的过程中是否具有思考、质疑、批判、拒绝和核实等一系列展现主观能动性的过程,反映了自身的媒介认知能力和反思意识。可以预见,在父母和儿童一起使用媒介的过程中,具备思辨意识的父母擅长输出教育性的看法和意见,倾向于采用积极型干预策略。由此,本研究提出假设 H1b。

H1b:父母媒介素养在媒介使用、媒介认知、媒介参与三个维度上对积极型干预策略均产生正向影响。

当儿童感知到父母的某一种媒介使用能力低于自己时,会弱化父母在媒介教育中的话语权,而采取积极型干预策略和共同使用策略都需要父母有接触媒介的习惯和一定的使用能力。由此推论,媒介素养较低的父母更容易采取限制型干预策略对儿童的媒介使用行为进行管控。因此,本研究提出假设 H1c。

H1c:父母媒介素养在媒介使用、媒介认知、媒介参与三个维度上对限制型干预策略均产生负向影响。

随着媒介的便携化和私人化,手机、平板电脑等设备的使用在一定程度上减少了亲子共同观看媒介内容的情况。然而,随着后疫情背景下在线学习的兴起,父母协助儿童,尤其是小学学龄儿童利用平板电脑等设备开展在线学习的情况增多。父母能在儿童缺乏基本网络使用能力、网络风险辨别能力时,成为疏导儿童焦虑和痛苦情绪的重要力量。因此,本研究提出假设 H2a、H2b、H2c。

H2a:共同使用策略对儿童媒介使用能力产生正向影响。

H2b:积极型干预策略对儿童媒介使用能力产生正向影响。

H2c:限制型干预策略对儿童媒介使用能力产生负向影响。

为了向儿童传授媒介使用技能,家长应该有更高水平的媒介素养,但事实并非总是如此。父母干预儿童媒介使用的行为往往不是基于理论研究,而是基于父母的个人经验。具备较高媒介思辨意识的父母会在亲子互动的过程中起到良好的引导作用,有助于培养孩子的批判意识和辨别信息真伪的能力。由此,本研究提出假设 H3。

H3:父母媒介素养在媒介使用、媒介认知、媒介参与三个维度上对儿童媒介使用能力均产生正向影响。

二、问卷设计与调查过程

(一)问卷内容设计

问卷量表内容主要包括受访者的人口统计学信息、儿童媒介使用情况、父母媒介素养、父母在儿童使用媒介过程中的干预策略,以及父母对儿童媒介使用能力的评估。

为充分了解受访者及其子女的基本情况,在问卷第一部分设计不同家庭的人口统计变量测量题项,共 13 项,包括受访者的年龄(以出生年份测量)、性别、受教育程度("初中及以下""高中""专科及本科""硕士及以上")、所在城市("武汉""黄冈"或恩施")、家庭平均月收入(从"2000 元以下"到"20 000 元以上"),以及其子女的性别、所处年级(从"一年级"到"六年级")等,以验证调查者是否具有代表性。

问卷第二部分调查儿童媒介使用情况。研究前,笔者阅读了大量有关媒介使用量表的文献,并参考刘朝霞等(2021)对城乡未成年人互联网认知、态度、行为的研究,以及Livingstone等(2008)针对906位英国父母干预策略的研究设计题项。这一部分共有五个题项,主要调查儿童使用媒介的频率、时间、设备、偏好,以及父母参与程度,如表4.1所示。

表4.1 儿童媒介使用情况量表

评价指标	题项	题项来源
使用频率	儿童接触媒介的频率	刘朝霞等(2021)
使用时间	除上网课外,儿童每日的媒介使用时间	
使用设备	儿童最常使用的媒介设备(手机、平板电脑、智能手表)	
使用偏好	儿童最常通过媒介开展哪类活动(学习、娱乐、社交)	
父母参与程度	儿童使用媒介时的主要陪伴人	Livingstone等(2008)

问卷第三部分是从媒介使用、媒介认知和媒介参与三个维度入手,对父母媒介素养进行测量。其中,媒介使用涵盖日常生活中的各类媒介应用行为;媒介认知强调公民对信息的辨别意识和能力;媒介参与作为一种更深层次的使用行为,通过信息的生产和创造对整个媒介环境产生影响,推动个体从信息消费者到内容建设者的身份转变。

此部分共有14个题项(表4.2),均采用六级计分("完全不认同"＝0,"完全认同"＝5)。将所有题项的得分相加,分数越高,表示该维度的媒介素养越高。

表4.2 父母媒介素养量表

评价指标	题项	题项来源
媒介使用	您能够获得足够有用的媒介信息用于生活和学习	李金城(2017);王振文(2017)
	您能够不断更新自己的信息获取技能	
	您具有较强的信息获取意识	
	您能够熟练使用软件工具进行信息检索	
	您能够根据需求自定义设置媒介的使用模式(如青少年模式、广告推送、时间限制等)	

续表 4.2

评价指标	题项	题项来源
媒介认知	您能够通过标题、内容等判断信息的可信度	Murawski 等（2019）
	您能够判断当前信息是在陈述事实还是表达观点	
	您能够评估媒介信息内容对他人或社会可能造成的影响	
	您能够通过信息发布机构的权威性判断信息的可信度	
媒介参与	您曾经向微信公众号、视频号等账号提供新闻线索	刘宇轩（2017）；Jenkins 等（2009）
	您曾以投票、投稿、评论等方式参与网络互动	
	您经常在网络上发表文章、图片、视频等作品	
	互联网帮助您拓展了人际交往的深度和广度（加深认知、增进友谊、结交新朋友等）	
	您加入了特定的虚拟社区（如论坛、超话等）	

问卷第四部分题项内容是调查父母在儿童使用媒介过程中的干预策略。如前文所述，父母干预理论发源于电视研究，随着技术的发展不断拓展、完善，以适应快速变化的媒介格局。在互联网深度融入儿童生活的背景下，父母干预是父母为帮助儿童在网络使用中发展学习、认知与社交能力，同时降低潜在风险而主动采取的一类策略，主要分为共同使用、积极型干预及限制型干预三种类别。

本量表在参考 Livingstone 等（2008）及 Nikken 等（2014）研发的父母干预策略量表的基础上修订而成，分为三个维度，即共同使用、积极型干预和限制型干预（包括一般限制、监控和技术限制三种类型），共计 12 个题项，均采用五级计分（"几乎不""偶尔""一般""经常""总是"，分别对应 1~5 分）。在问卷前期测试中发现，不同受访者对这几个频度用词存在不同理解。为了缩小这一偏差，笔者结合受访者反馈情况，将问卷具体题项的回答设置为受访者在近两周内采取不同干预行为的次数，在"≤1 次""2~5 次""6~9 次""10~13 次"和"≥14 次"中进行选择，在量化操作时分别对应得分 1~5 分。分值越高，表示父母在该维度的干预越多，具体题项见表 4.3 所示。

表 4.3 父母干预策略量表

评价指标	题项	题项来源
共同使用	近两周内,当孩子使用媒介时,您在一旁提供帮助的次数	Livingstone 等(2008);Nikken 等(2014)
	近两周内,孩子使用媒介时,您待在离他/她不远处的次数	
	近两周内,您和孩子一起使用媒介(只是坐在身边,不干预孩子的活动,例如共同观看视频)的次数	
积极型干预	近两周内,您与孩子讨论使用媒介时遇到困扰应该怎么做的次数	吴依泠等(2019)
	近两周内,您向孩子说明安全上网方式的次数	
	近两周内,您和孩子一起通过媒介参与活动(如亲子绘本共读、共同创作短视频作品等)的次数	
	近两周内,您鼓励孩子自主利用媒介探索和学习的次数	
限制型干预	近两周内,您限制孩子的媒介使用时间的次数	朱秀凌(2021);高宏钰等(2021)
	近两周内,您限制孩子的浏览内容(如视频、音乐、游戏)的次数	
	近两周内,您限制孩子的网络社交行为的次数	
	近两周内,您监控孩子的上网活动(如查看使用时间、网页浏览记录、社交账号动态等)的次数	
	近两周内,您使用软件或其他工具来阻止或过滤孩子的上网活动(如设置屏幕使用时间、采用青少年模式等)的次数	

问卷第五部分是对儿童媒介使用能力进行评估。家庭是儿童的"第一所学校",也是其上网的主要场所。父母作为儿童的"第一监护人",对儿童日常的媒介使用情况较为了解,并在此过程中起到管理和约束的作用。本次研究的受访者是小学生父母,针对儿童媒介使用能力的评估也从父母的视角展开。参考杜智涛等(2021)关于未成年人互联网使用与科学素养的研究,共设计三个题项(儿童的媒介信息获取、使用能力,例如上网课、看视频等;儿童对于媒介信息的解读和批判能力,如是否能辨别信息真假、潜在的风险等;儿童的媒介参与及创造能力,如在线完成学校作业、编辑视频、下载音乐或电影、编程等),采用六级计分方式("完全不具备此项能力"=0,"完全具备此项能力"=5)。将选项得分相加,分

第四章　实证研究:父母媒介素养与干预策略

数越高,表示儿童媒介使用能力越强。

(二)研究样本选择

在样本选择方面,考虑到互联网使用情况存在地区差异,本研究根据研究对象和内容,结合地域分布和经济发展水平进行初步划分,最终选取湖北省省会武汉市、东部的黄冈市和西部的恩施市为总体研究样本。接着,按教学质量、学校层次对这三个地区的学校进行筛选,从中各选择一所较具典型性的学校作为本研究的样本。为保证调查结果的合理性和均衡性,本研究通过分层随机抽样方法选取小学生父母群体样本。简单说来,即对三所学校的年级、班级、人数进行等比例三层抽样。一层抽样确定抽取小学一至六年级;二层抽样对每个年级随机抽取一个班,每个学校抽取六个班,三所学校共抽取 18 个班;三层则是对每个班级随机抽取 35 人,三所学校最终共抽取到 630 份数据。

在研究对象上,由于小学生的知识水平和理解能力存在不足,因此,本研究主要以小学生父母为调查对象,通过父母对儿童媒介使用行为的日常观察进行评分调查。考虑到不同家庭中父母的媒介素养和干预策略有所差异,问卷发放对象涵盖了具有不同性别、年龄、受教育程度、家庭经济水平和家庭居住地(城镇、农村)的父母。

(三)问卷发放与回收

问卷发放共经历两个阶段。第一阶段为预调查,采用简单随机抽样方法,线下向 20 位小学生的父母发放预调查问卷。选取某小学校园门口为发放地,发放时间集中在上午放学和下午放学的时段,调查人员向接儿童放学的家长解释问卷内容,根据家长对问卷的反馈再次对问卷题目进行合理的语义和情境修正,从而确保回答的有效性。

第二阶段为发放正式问卷。受疫情影响,本次问卷发放采用线上形式。由采样班级的班主任通过社交媒体对本次调查进行简要说明,并在社交媒体社区群动员宣传,转发带有问卷二维码的电子海报,请父母通过扫描二维码的方式进行在线回答,提高问卷可靠性。

最后是调查数据的回收。问卷调查起止时间为 2022 年 12 月 25 日到 2023 年 1 月 8 日,调查时长为 15 天,共收集到线上问卷 630 份。为保证结果的真实性和有效性,剔除了答题时间过短、答案明显不合理的一部分问卷,共得到有效问卷 608 份,问卷有效率约为 96.5%。

三、问卷的信效度分析

(一)信度分析

信度分析主要用于考察量表的可靠性,即对题项中的同一问题反复测量,其测试结果能保持一定的稳定度。测量结果一般用信度系数表示,系数越大,表示信度越高。本研究中采用克隆巴赫系数对问卷量表进行信度分析。

本问卷主要包括父母媒介素养量表、父母干预策略量表及儿童媒介使用能力评估量表。通过 SPSS 25.0 对各量表的信度及问卷整体信度进行测量,得到相应的克隆巴赫系数。根据测量结果,各量表的克隆巴赫系数均大于 0.7(表 4.4),说明本问卷具有较高的信度。

表 4.4　问卷信度分析

指标	克隆巴赫系数	题项数量
父母媒介素养量表	0.894	14
父母干预策略量表	0.845	12
儿童媒介使用能力评估量表	0.764	3

(二)效度检验

效度检验可以检测问卷结果的有效程度。本研究对父母媒介素养量表、父母干预策略量表及儿童媒介使用能力评估量表进行 KMO 统计量和 Bartlett 球形检验,结果如表 4.5、表 4.6 所示。

表 4.5　KMO 检验结果(量表适切性评估)

量表名称	KMO 值	适切性判断标准
父母媒介素养量表	0.697	可接受(≥0.6)
父母干预策略量表	0.910	良好(≥0.8)
儿童媒介使用能力评估量表	0.873	极佳(≥0.9)

第四章 实证研究:父母媒介素养与干预策略

KMO 检验结果显示,父母干预策略量表与儿童媒介使用能力评估量表的适切性均达到"良好"及以上水平,而父母媒介素养量表的适切性处于可接受阈值。

表 4.6　Bartlett 球形检验结果(变量相关性检验)

量表名称	卡方值(χ^2)	自由度(df)	显著性(P)	是否适合因子分析
父母媒介素养量表	457.594	3	<0.001	是
父母干预策略量表	4 216.862	91	<0.001	是
儿童媒介使用能力评估量表	3 098.493	66	<0.001	是

注:Bartlett 球形检验需满足 $P<0.05$ 才拒绝"变量独立"的原假设,支持因子分析有效性。

Bartlett 球形检验结果进一步支持因子分析有效性。所有量表均呈现极显著相关($P<0.001$),强烈拒绝"变量独立"的原假设。父母干预策略量表和儿童媒介使用能力评估量表的卡方值较大,反映变量间存在强关联结构;而父母媒介素养量表尽管自由度最低,也显示出显著的相关性。因此,三组量表的数据均符合因子分析的前提条件(KMO 值≥0.6 且 Bartlett 球形检验达到显著水平)。其中,父母干预策略量表与儿童媒介使用能力评估量表表现出良好的结构效度;而父母媒介素养量表的因子提取结果尚不稳定,需要进一步进行探索性因子分析以优化其结构模型。

(三)探索性因子分析

父母媒介素养主要从媒介使用、媒介认知、媒介参与三个维度进行测量。父母媒介素养量表总方差解释及旋转后的成分矩阵分别如表 4.7 和表 4.8 所示。

表 4.7　父母媒介素养量表总方差解释

因子	初始特征值		
	总计	方差百分比/%	累积百分比/%
媒介使用	5.926	42.329	42.329
媒介参与	1.821	16.004	55.334
媒介认知	1.698	12.131	67.465

表 4.8 父母媒介素养量表旋转后的成分矩阵

题项	因子载荷		
	媒介使用	媒介参与	媒介认知
您能够获得足够有用的媒介信息用于生活和学习	**0.782**	0.191	0.190
您能够不断更新自己的信息获取技能	**0.795**	0.203	0.147
您具有较强的信息获取意识	**0.784**	0.146	0.188
您能够熟练使用软件工具进行信息检索	**0.791**	0.150	0.154
您能够根据需求自定义设置媒介的使用模式(如青少年模式、广告推送、时间限制等)	**0.777**	0.210	0.180
您能够通过标题、内容等判断信息的可信度	0.198	0.156	**0.815**
您能够判断当前信息是在陈述事实还是表达观点	0.202	0.110	**0.815**
您能够评估媒介信息内容对他人或社会可能造成的影响	0.179	0.217	**0.807**
您能够通过信息发布机构的权威性判断信息的可信度	0.160	0.162	**0.784**
您曾经向微信公众号、视频号等账号提供新闻线索	0.232	**0.738**	0.161
您曾以投票、投稿、评论等方式参与网络互动	0.111	**0.784**	0.072
您经常在网络上发表文章、图片、视频等作品	0.198	**0.794**	0.114
互联网帮助您拓展了人际交往的深度和广度(加深认知、增进友谊、结交新朋友等)	0.150	**0.738**	0.169
您加入了特定的虚拟社区(如论坛、超话等)	0.185	**0.763**	0.223

由表 4.7 可知,父母媒介素养量表总方差解释为 67.465%,大于 60%,共提取三个因子,与预设维度一致,说明该量表结构稳定、解释程度良好。

父母干预策略量表包括限制型干预、积极型干预、共同使用三个维度,利用同样的方法进行因子分析,对父母干预策略量表进行效度检验,如表 4.9 和表 4.10 所示。由表 4.9 可知,父母干预策略量表总方差解释为 67.445%,大于 60%,共提取三个因子,与预设维度一致,说明该量表结构稳定、解释程度较好。

第四章 实证研究：父母媒介素养与干预策略

表4.9 父母干预策略量表总方差解释

因子	初始特征值		
	总计	方差百分比/%	累积百分比/%
限制型干预	4.727	39.395	39.395
积极型干预	1.990	16.580	55.974
共同使用	1.376	11.470	67.445

表4.10 父母干预策略量表旋转后的成分矩阵

题项	因子载荷		
	限制型干预	积极型干预	共同使用
近两周内，当孩子使用媒介时，您在一旁提供帮助的次数	-0.090	0.153	**0.760**
近两周内，孩子使用媒介时，您待在离他/她不远处的次数	-0.165	0.178	**0.789**
近两周内，您和孩子一起使用媒介（只是坐在身边，不干预孩子的活动，例如共同观看视频）的次数	-0.125	0.153	**0.817**
近两周内，您与孩子讨论使用媒介时遇到困扰应该怎么做的次数	-0.140	**0.821**	0.182
近两周内，您向孩子说明安全上网方式的次数	-0.109	**0.818**	0.090
近两周内，您和孩子一起通过媒介参与活动（如亲子绘本共读、共同创作短视频作品等）的次数	-0.188	**0.753**	0.206
近两周内，您鼓励孩子自主利用媒介探索和学习的次数	-0.162	**0.803**	0.132
近两周内，您限制孩子的媒介使用时间的次数	**0.767**	-0.207	-0.101
近两周内，您限制孩子的浏览内容（如视频、音乐、游戏）的次数	**0.811**	-0.118	-0.149

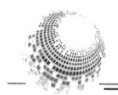

续表 4.10

题项	因子载荷		
	限制型干预	积极型干预	共同使用
近两周内,您限制孩子的网络社交行为的次数	**0.787**	−0.113	−0.099
近两周内,您监控孩子的上网活动(如查看使用时间、网页浏览记录、社交账号动态等)的次数	**0.798**	−0.087	−0.108
近两周内,您使用软件或其他工具来阻止或过滤孩子的上网活动(如设置屏幕使用时间、采用青少年模式等)的次数	**0.823**	−0.170	−0.088

第二节　数据分析与发现

一、描述性统计分析概览

(一)受访者人口统计学信息

问卷的第一部分调查的是受访者人口统计学信息,包括受访者自身(父母)及其子女的基本情况。其中,受访者的年龄、性别、受教育程度、所在城市及家庭平均月收入情况如表 4.11 所示。

表 4.11　受访者基本情况

指标	类别	样本/份	占比[①]/%
年龄	25 岁及以下	25	4.1
	26～30 岁	144	23.7
	31～35 岁	195	32.1
	36～40 岁	172	28.3
	41 岁及以上	72	11.8

① 因四舍五入原因,本章表格中存在占比合计不等于 100% 的情况。

续表 4.11

指标	类别	样本/份	占比/%
性别	男	278	45.7
	女	330	54.3
受教育程度	初中及以下	106	17.4
	高中	228	37.5
	专科及本科	209	34.4
	硕士及以上	65	10.7
所在城市	武汉	212	34.9
	黄冈	195	32.1
	恩施	201	33.1
家庭平均月收入	2000 元以下	70	11.5
	2000～5000 元	95	15.6
	5001～10 000 元	121	19.9
	10 001～15 000 元	137	22.5
	15 001～20 000 元	93	15.3
	20 000 元以上	92	15.1

从整体上看,受访者年龄主要集中于 26～40 岁,其中 31～35 岁的受访者占比最大,达 32.1%。在受访者性别方面,男性受访者占总人数的 45.7%,女性受访者占 54.3%,男女比例差异不大。从受教育程度看,拥有高中学历的父母占比最大,为 37.5%;专科及本科学历紧随其后,占比为 34.4%。

在 608 份有效问卷中,来自武汉、黄冈、恩施的受访者分别占比 34.9%、32.1%、33.1%,说明样本在地域来源上比例较为平均。家庭平均月收入囊括 2000 元以下至 20 000 元以上六个区间,其中 22.5% 的家庭月收入为 10 001～15 000元,15.1% 的家庭月收入超过 20 000 元,月收入不足 2000 元的受访者家庭占比达 11.5%。

总体来说,本次问卷调查的受访者在年龄、性别、居住地、学历等方面覆盖较为均匀,调查对象具有一定的代表性。

如表 4.12 所示,在受访者子女情况的相关调研中,只有一个小学学龄子女的家庭占比最高,达 63.5%;有两个小学学龄子女的家庭占比为 28.8%,有三个小学学龄子女的家庭占比为7.7%。

从子女所处年级来看,小学一年级133人,二年级142人,三年级173人,四年级147人,五年级151人,六年级131人。男生和女生的数量分别是437人、440人。受访者子女的在读年级和性别分布都较为均匀,都代表不同性别和年级的学生样本。

表4.12 受访者子女情况

指标	类别	样本/份
小学学龄子女数量	一个	386
	两个	175
	三个	47
一孩家庭子女所处年级	一年级	64
	二年级	71
	三年级	70
	四年级	66
	五年级	59
	六年级	56
一孩家庭子女性别	男	200
	女	186
二孩家庭老大所处年级	四年级	59
	五年级	57
	六年级	59
二孩家庭老二所处年级	一年级	53
	二年级	60
	三年级	62
二孩家庭老大性别	男	79
	女	96
二孩家庭老二性别	男	87
	女	88
三孩家庭老大所处年级	五年级	31
	六年级	16

第四章 实证研究：父母媒介素养与干预策略

续表 4.12

指标	类别	样本/份
三孩家庭老二所处年级	三年级	21
	四年级	22
	五年级	4
三孩家庭老三所处年级	一年级	16
	二年级	11
	三年级	20
三孩家庭老大性别	男	27
	女	20
三孩家庭老二性别	男	20
	女	27
三孩家庭老三性别	男	24
	女	23

（二）儿童媒介使用情况

问卷第二部分从儿童使用媒介的频率、时间、设备、偏好及父母参与程度五个维度设置题项，对受访家庭的儿童媒介使用情况作多方位分析，具体调查结果如下。

如表 4.13 所示，31.9% 的父母表示儿童"总是"接触媒介，40.3% 的父母表示儿童"经常"接触媒介。选择"偶尔"的受访者只占 6.3%，"从不"的选项无一人选择。可以看出，随着互联网的普及和媒介设备的便携化，所有受访家庭的儿童都在不同程度地接触和使用媒介。

表 4.13 儿童媒介使用频率

使用频率	样本/份	占比/%
从不	0	0
偶尔	38	6.3
有时	131	21.5
经常	245	40.3
总是	194	31.9

如表4.14所示,除上网课外,21.9%的儿童每日上网时间在30分钟以内,28.8%的儿童每日上网时间为30分钟至1小时,23.2%的儿童每日上网时间在1~2小时之间,26.2%的儿童每日上网时间超过2小时。通过对儿童媒介使用频率和时间的统计分析可以看出,媒介使用与新一代"数字原住民"的生活密不可分。这也再次印证了本研究具有切实的意义,儿童的媒介使用已经成为一个无法忽视的问题。

表4.14 儿童媒介使用时间

(除上网课外)每日使用时间	样本/份	占比/%
30分钟以内	133	21.9
30分钟至1小时	175	28.8
1~2小时	141	23.2
2小时以上	159	26.2

如表4.15所示,在手机、平板电脑及智能手表这三类设备中,平板电脑是儿童最常用的选择,占比44.6%;选择"手机"的占比为30.8%;选择"智能手表"的比例为24.7%。可见,三类设备的使用在儿童日常生活中都比较常见,设备接入情况的差异可能与儿童的年龄、媒介使用目的,以及家庭的媒介拥有率、经济水平、教养方式等方面有关。

表4.15 儿童媒介使用设备

常用设备	样本/份	占比/%
手机	187	30.8
平板电脑	271	44.6
智能手表	150	24.7

如表4.16所示,在媒介使用偏好方面,53.8%的儿童最常通过各类设备进行上网课、看学习视频等教学活动;23.7%的儿童最常通过各类设备观看娱乐视频、玩游戏、听音乐等;22.5%的儿童则主要利用媒介开展社交活动。由此可见,儿童在媒介使用偏好上存在明显差异,学习是小学生使用媒介的主要的目的,但随着网络世界的快速发展,娱乐、社交活动也让他们流连忘返。

第四章　实证研究：父母媒介素养与干预策略

表 4.16　儿童媒介使用偏好

使用偏好	样本/份	占比/%
学习（上网课、看学习视频等）	327	53.8
娱乐（看娱乐视频、玩游戏、听音乐等）	144	23.7
社交（使用手表微聊、QQ、微信等社交软件）	137	22.5

如表 4.17 所示，在父母参与儿童媒介使用的情况调查中，20.2%的父亲是儿童媒介使用过程中的主要陪伴人；相比父亲，母亲作为主要陪伴人参与儿童媒介使用的比例更高，为 28.5%。此外，有 27.8%的家庭表示"父母陪伴时间差不多"。但调查结果显示，在 23.5%的受访家庭中"父母都不怎么参与孩子的媒介使用"，这说明部分父母在儿童媒介使用过程中存在明显的缺位现象。小学生正处于模仿和学习的重要阶段，频繁接触媒介所带来的机遇与风险并存。面对娱乐化的媒介内容，缺乏合理管理与引导的儿童可能面临更多的风险和挑战。

表 4.17　儿童使用媒介时的父母参与程度

父母参与程度	样本/份	占比/%
以父亲陪伴为主	123	20.2
以母亲陪伴为主	173	28.5
父母陪伴时间差不多	169	27.8
父母都不怎么参与孩子的媒介使用	143	23.5

（三）父母媒介素养

问卷第三部分从媒介使用、媒介认知和媒介参与三个维度对父母媒介素养进行了测量。为了进一步分析父母在媒介素养各维度的得分情况，本研究对各题项进行编码，并设置 1～6 的分值，受访者根据自身符合程度进行打分。对每个维度题项的得分进行求和，可得出父母在该维度上的得分。统计结果表明，受访者在媒介素养各维度上的得分均较高，且差异较小，说明媒介素养发展具有整体性和系统性。各统计量如表 4.18 所示。

表 4.18 父母媒介素养各维度得分统计

评价指标	题项	指标编码	平均值	标准偏差
媒介使用	您能够获得足够有用的媒介信息用于生活和学习	A1	3.872	1.033
	您能够不断更新自己的信息获取技能	A2	3.849	1.038
	您具有较强的信息获取意识	A3	3.867	1.049
	您能够熟练使用软件工具进行信息检索	A4	3.995	1.065
	您能够根据需求自定义设置媒介的使用模式（如青少年模式、广告推送、时间限制等）	A5	3.885	1.061
媒介认知	您能够通过标题、内容等判断信息的可信度	B1	3.964	1.033
	您能够判断当前信息是在陈述事实还是表达观点	B2	3.919	1.073
	您能够评估媒介信息内容对他人或社会可能造成的影响	B3	3.949	1.076
	您能够通过信息发布机构的权威性判断信息的可信度	B4	3.859	1.123
媒介参与	您曾向微信公众号、视频号等账号提供新闻线索	C1	3.929	1.022
	您曾以投票、投稿、评论等方式参与网络互动	C2	3.952	1.017
	您经常在网络上发表文章、图片、视频等作品	C3	3.914	1.002
	互联网帮助您拓展了人际交往的深度和广度（加深认知、增进友谊、结交新朋友等）	C4	3.711	1.073
	您加入了特定的虚拟社区（如论坛、超话等）	C5	3.773	1.062

在媒介使用维度，受访者得分情况如图 4.1 所示，单题得分的平均值为 3.894，中位数为 4。这说明受访者对媒介有较为广泛的运用，从使用软件工具进行信息检索（平均值为 3.995），到不断更新自己的信息获取技能（平均值为 3.849），父母在生活中对媒介的使用需求是非常大的。

在媒介认知维度，受访者得分如图 4.2 所示，单题得分的平均值为 3.923，中位数为 4。受访者在判断信息的可信度（平均值为 3.964）和影响力（平均值为 3.949）方面得分较高，说明父母对自身理性鉴别网络信息的能力评价较高，整体认知态度较为积极。这一现象表明，在后真相时代，大量的舆论或信息反转让受众认识到需要对媒介信息进行评估和分析。

第四章 实证研究:父母媒介素养与干预策略

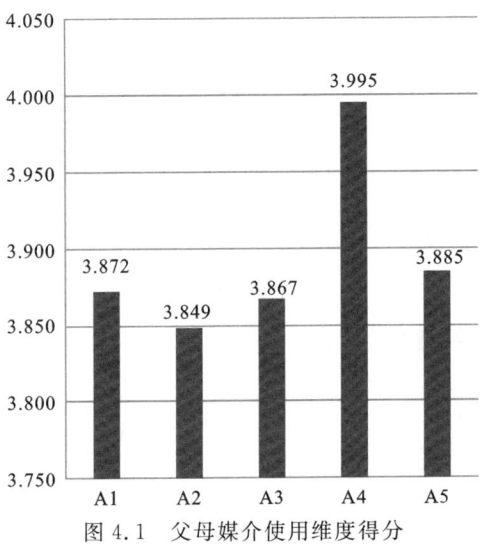

图 4.1 父母媒介使用维度得分

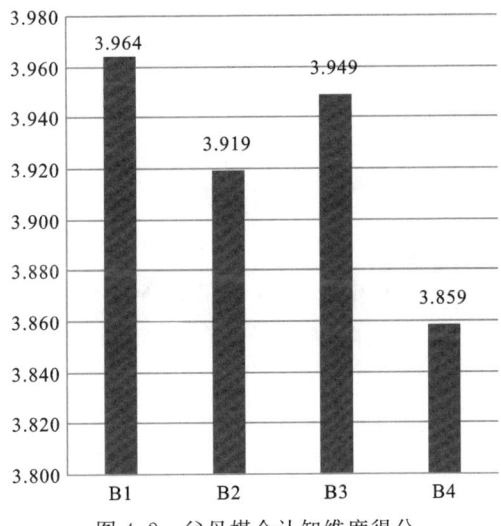

图 4.2 父母媒介认知维度得分

在媒介参与维度,受访者得分情况如图 4.3 所示,单题得分的平均值为 3.856,中位数为 4。受访者在以投票、评论等方式进行网络互动(平均值为 3.952)的参与程度较高,而通过互联网拓展人际交往深度和广度(平均值为 3.711),或加入特定虚拟社区(平均值为 3.773)的参与程度较低,说明不同受访者在媒介活动参与方面存在一定的差距,相较于深度参与,父母更倾向于投票、评论、发布图文等轻量化媒介参与行为。

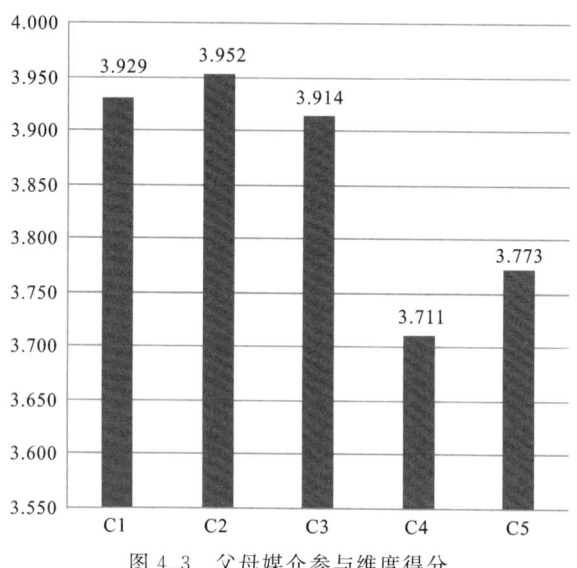

图 4.3 父母媒介参与维度得分

(四)父母在儿童使用媒介过程中的干预策略

问卷第四部分对三种父母干预策略——共同使用、积极型干预及限制型干预的使用情况进行了测量,对各题项进行编码,并设置1～5的分值,受访者根据不同干预策略的使用情况进行打分,对得分进行求和,得到父母在该维度上的得分。统计结果表明:在共同使用策略上,平均值为3.782,中位数为4;在积极型干预策略上,平均值为3.759,中位数为4;在限制型干预策略上,平均值为2.121,中位数为2。这说明,相比限制型干预策略,父母在儿童媒介使用过程中更倾向于采用共同使用和积极型干预策略。所得统计量如表4.19所示。

表 4.19 不同类型父母干预策略得分统计

评价指标	题项	指标编码	平均值	标准偏差
共同使用	当孩子使用媒介时,您会在一旁提供帮助	D1	3.720	1.022
	孩子使用媒介时,您会待在离他/她不远的地方	D2	3.824	1.017
	你会和孩子一起使用媒介(只是坐在身边,不干预孩子的活动,例如共同观看视频)	D3	3.803	1.022

续表 4.20

评价指标	题项	指标编码	平均值	标准偏差
积极型干预	您曾与孩子讨论过使用媒介时遇到困扰应该怎么做	E1	3.786	1.033
	您曾向孩子说明过安全上网的方式	E2	3.745	1.038
	您会和孩子一起通过媒介参与某些活动(如亲子绘本共读、共同创作短视频作品等)	E3	3.748	1.032
	您曾鼓励孩子自主利用媒介探索和学习	E4	3.758	1.004
限制型干预	您会限制孩子的媒介使用时间	F1	2.072	0.961
	您会限制孩子的浏览内容(如视频、音乐、游戏)	F2	2.110	0.992
	您会限制孩子的网络社交行为	F3	2.178	0.992
	您会监控孩子的上网活动(如查看使用时间、网页浏览记录、社交账号动态等)	F4	2.158	0.993
	您使用过软件或其他工具来阻止或过滤孩子的上网活动(如设置屏幕使用时间、采用青少年模式等)	F5	2.089	1.010

从图 4.4 可以看出,在共同使用策略方面,不论是在儿童媒介使用过程中提供帮助(平均值为 3.720),还是对内容的"共视"(平均值为 3.803),受访者的得分都处于较高的水平。这说明在手机、平板电脑、智能手表等媒介快速发展与普及的时代,共同使用是家庭媒介实践中父母经常采用的干预策略,这也与上文父母在日常生活中媒介使用、媒介参与程度高的调查结果相印证。在家庭使用场景中,父辈与子辈都有较多的媒介使用和参与行为,自然在共同使用方面的程度会有增加。

积极型干预也是父母对儿童媒介使用常采用的干预策略。从图 4.5 可知,父母既乐于做儿童遇到困惑时的求助对象(平均值为 3.786),也常鼓励儿童利用媒介自主探索和学习(平均值为 3.758),还会和儿童共同创作、参与媒介活动(平均值为 3.748)。这说明父母在儿童媒介使用过程中承担着引导职责,善于通过积极的沟通培养儿童的独立思考能力和创新使用能力,在一定程度上帮助儿童规避网络世界的潜在风险。

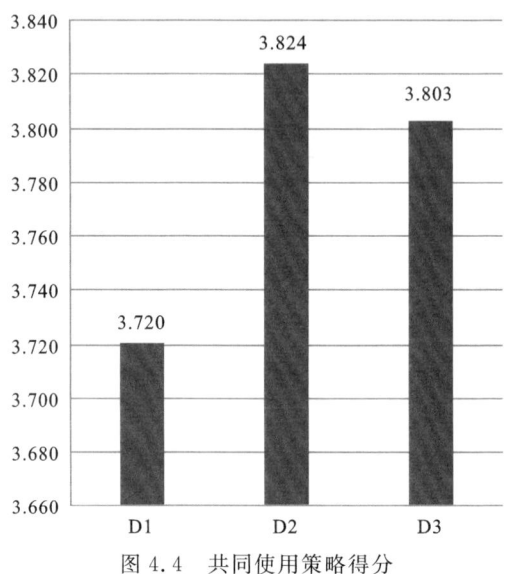

图 4.4 共同使用策略得分

从图 4.6 可知,父母仍会对儿童的媒介使用行为进行一定的限制,但相较于其他两类干预策略,限制型干预并不是最主要的选择。无论是针对使用时间(平均值为 2.072)、内容(平均值为 2.110)等方面的一般限制,还是查看儿童网页浏览记录、社交账号动态等的监控行为(平均值为 2.158),抑或是利用技术手段过滤或阻止儿童部分上网行为(平均值为 2.089),其得分都呈现较低的水平。

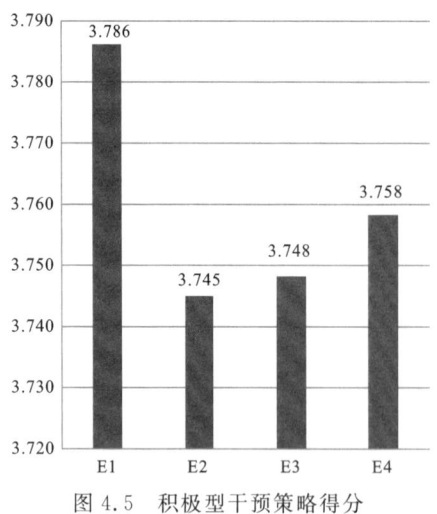

图 4.5 积极型干预策略得分

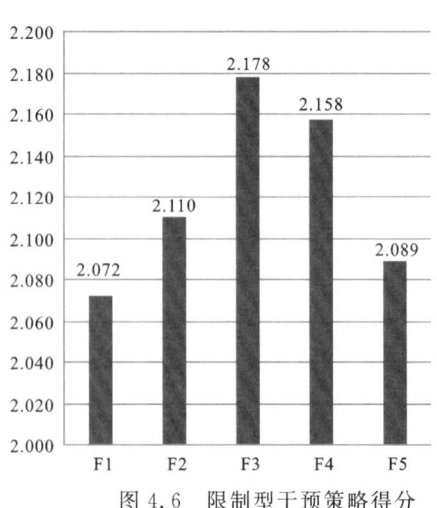

图 4.6 限制型干预策略得分

由此可见,由于数字设备具有便携性、私人化的特点,常规限制儿童媒介使用的措施在实施层面存在较大难度,而监控、技术限制等手段又要求父母具备一定的媒介素养,在实际运用中也并非最优的选择。此外,父母自身媒介使用行为的增多,以及媒介认知能力的提高,促使他们能够更加全面地理解媒介使用行为,从而认同儿童接触并使用媒介有助于拓展知识、丰富生活。

(五)父母对儿童媒介使用能力的评估

父母对儿童媒介使用能力的评估,包含三个题项,设置1～5的分值,通过题项得分加总,各统计结果如表4.20所示。

表4.20 儿童媒介使用能力评估得分统计

题项	指标编码	平均值	标准偏差
孩子的媒介信息获取、使用能力(如观看网课、看视频等)	G1	3.931	1.012
孩子对于媒介信息的解读和批判能力(如是否能辨别信息真假、潜在的风险等)	G2	3.995	1.000
孩子的媒介参与及创造能力(如在线完成学校作业、编辑视频、下载音乐或电影、编程等)	G3	3.898	0.987

由图4.7可知,儿童媒介使用能力的平均值为3.941,中位数为4,说明受访家庭的儿童媒介使用能力整体水平较高。其中,儿童的信息获取、使用能力平均值为3.931,儿童的信息解读和批判能力平均值为3.995,儿童在媒介活动中的参与及创造能力平均值为3.898。这说明,大多数父母对儿童的媒介使用能力抱有信心,认为儿童在与媒介的频繁接触中积累了良好的使用能力,在网络真伪信息辨别中锻炼了相应的自主思考能力和批判意识。

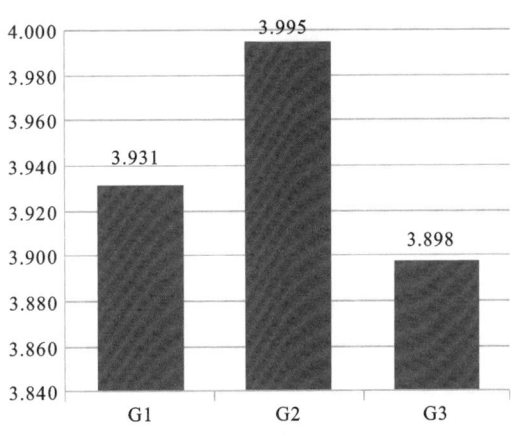

图4.7 儿童媒介使用能力评估得分

二、父母媒介素养对干预策略的影响分析

（一）父母媒介素养与父母干预策略的线性回归分析

现以共同使用、积极型干预、限制型干预三种策略为因变量，以父母媒介素养的媒介使用、媒介认知、媒介参与三个维度作为自变量，展开线性回归分析，探索父母媒介素养在不同维度上与选择不同干预策略的相关关系。

1. 父母媒介素养与共同使用策略

由表4.21中调整后 $R^2=0.180$、$F=45.413$、$P<0.05$ 可知，模型的拟合检验通过。VIF值小于10，说明变量间不存在多重共线性。模型对共同使用策略变异的解释率为18.0%。这个比例不算高，说明除了父母媒介素养外，还有其他因素影响共同使用策略，例如父母的教育观念、家庭环境、儿童的年龄和性格等。但父母媒介素养仍然是影响共同使用策略的一个重要因素。

表4.21 父母媒介素养对共同使用策略的线性回归参数

变量	非标准化系数(B)	标准误(SE)	标准化系数(β)	t值	P值	容许值	VIF
截距项	1.749	0.177	—	9.878	<0.05	—	—
媒介使用	0.163**	0.042	0.169	3.875	<0.05	0.708	1.412
媒介认知	0.137**	0.039	0.150	3.514	<0.05	0.745	1.341
媒介参与	0.223**	0.043	0.221	5.177	<0.05	0.739	1.352
模型统计量							
调整后R^2	0.180						
F值	45.413**						

注：**表示该结果在统计学上具有显著性。

媒介使用对共同使用策略有显著的正向影响（$B=0.163$，$P<0.05$）。这意味着父母使用媒介的频率越高、熟练度越强，就越有可能采用共同使用策略，与孩子一起使用媒介。

媒介认知对共同使用策略有显著的正向影响（$B=0.137$，$P<0.05$）。当父母对媒介有更深入的认知时，往往会意识到与孩子共同使用媒介的积极意义，如促进亲子沟通、引导儿童媒介使用等，进而更倾向于采用共同使用策略。

第四章 实证研究:父母媒介素养与干预策略

媒介参与对共同使用策略有显著的正向影响($B=0.223, P<0.05$)。父母积极参与媒介活动,本身就体现了共同使用策略的核心,即父母与孩子共同参与并分享媒介使用体验。因此,媒介参与程度越高,父母采用共同使用策略的可能性就越大。

综上所述,前文假设 H1a 成立,即父母媒介素养在媒介使用、媒介认知、媒介参与三个维度上均对共同使用策略有正向影响。其中,媒介参与的影响最强($\beta=0.221$),其次是媒介使用($\beta=0.169$),最后是媒介认知($\beta=0.150$)。提升父母的媒介素养,特别是鼓励他们积极参与数字生活,有助于实现更高质量的亲子互动。

2. 父母媒介素养与积极型干预策略

由表 4.22 中调整后 $R^2=0.219$、$F=57.611$、$P<0.05$ 可知,模型的拟合检验通过。模型对积极型干预策略变异的解释率为 21.9%。这个比例不算高,说明除了父母媒介素养外,还有其他因素影响积极型干预策略,但父母媒介素养仍然是影响积极型干预策略的一个重要因素。

表 4.22　父母媒介素养对积极型干预策略的线性回归参数

变量	非标准化系数(B)	标准误(SE)	标准化系数(β)	t 值	P 值	容许值	VIF
截距项	1.489	0.176	—	8.445	<0.05	—	—
媒介使用	0.174**	0.042	0.177	4.150	<0.05	0.708	1.412
媒介认知	0.216**	0.039	0.231	5.547	<0.05	0.745	1.341
媒介参与	0.194**	0.043	0.188	4.513	<0.05	0.739	1.352
模型统计量							
调整后 R^2	0.219						
F 值	57.611**						

注:** 表示该结果在统计学上具有显著性。

表 4.22 显示,父母媒介素养在媒介使用($B=0.174, P<0.05$)、媒介认知($B=0.216, P<0.05$)和媒介参与($B=0.194, P<0.05$)三个维度上均对积极型干预策略有显著正向影响,由此,研究假设 H1b 得到验证。与共同使用策略不同的是,媒介认知的影响最强($\beta=0.231$),其次是媒介参与($\beta=0.188$),最后是媒介

使用($\beta=0.177$)。这意味着,当父母对媒介有更深入的理解和认知时,他们更倾向于采取积极的干预策略来引导孩子使用媒介。

3. 父母媒介素养与限制型干预策略

由表4.23中调整后$R^2=0.220$、$F=58.150$、$P<0.05$可知,模型的拟合检验通过。VIF值小于10,说明变量间不存在多重共线性。模型对限制型干预策略变异的解释率为22.0%。这个比例不算高,说明除了父母媒介素养外,还有其他因素影响限制型干预策略,但父母媒介素养仍然是影响限制型干预策略的一个重要因素。

表4.23 父母媒介素养对限制型干预策略的线性回归参数

变量	非标准化系数(B)	标准误(SE)	标准化系数(β)	t值	P值	容许值	VIF
截距项	4.367	0.172	—	25.353	<0.05	—	—
媒介使用	−0.199**	0.041	−0.207	−4.863	<0.05	0.708	1.412
媒介认知	−0.188**	0.038	−0.205	−4.933	<0.05	0.745	1.341
媒介参与	−0.187**	0.042	−0.186	−4.469	<0.05	0.739	1.352
模型统计量							
调整后R^2	0.220						
F值	58.150**						

注:①**表示该结果在统计学上具有显著性。
②在回归分析中,非标准化系数(B)表示自变量(如父母媒介素养)对因变量(如限制型干预策略)的直接影响程度。数值前的负号表示影响是负向的,而影响程度的强弱取决于其绝对值的大小。

媒介使用对限制型干预策略有显著的负向影响($B=-0.199,P<0.05$)。这意味着父母使用媒介的频率越高、熟练度越强,他们越少采用限制型干预策略来管理孩子的媒介使用。

媒介认知对限制型干预策略有显著的负向影响($B=-0.188,P<0.05$)。当父母对媒介有更深入的认知时,往往会意识到简单限制并非最佳策略,进而更注重培养孩子的媒介素养和自主管理能力,减少限制型干预策略的采用。

媒介参与对限制型干预策略有显著的负向影响($B=-0.187,P<0.05$)。当父母积极参与孩子的媒介生活时,往往更倾向于通过沟通和引导来影响孩子的媒介使用行为,而非直接限制。因此,父母的媒介参与程度越高,越少采用限

制型干预策略。

表4.23表明,父母媒介素养在媒介使用、媒介认知和媒介参与三个维度上均对限制型干预策略有显著负向影响,由此,研究假设H1c得到验证。其中,媒介使用的影响最强($\beta=-0.207$),媒介参与的影响最弱($\beta=-0.186$)。

以上研究结果不仅可以使假设H1a、H1b、H1c得到验证,还使父母媒介素养与干预策略各维度上的相关关系得到进一步说明。总的来说,父母的媒介使用、媒介认知和媒介参与不仅影响他们与孩子共同使用媒介的行为,还影响他们选择何种干预策略来引导孩子使用媒介。

此外,不同干预策略受父母媒介素养影响的方向不同。父母媒介素养在媒介使用、媒介认知、媒介参与三个维度上均对共同使用策略和积极性干预策略有正向影响,但对于前者,媒介参与的影响最强;对于后者,媒介认知的影响最强。父母媒介素养在媒介使用、媒介认知、媒介参与三个维度上均对限制型干预有负向影响,且媒介使用的影响最强。这意味着,随着父母媒介素养的提高,他们更倾向于减少限制型干预策略的使用,转而选择更具积极性和共同参与性的方式。

(二)父母干预策略与儿童媒介使用能力的线性回归分析

以父母干预策略在共同使用、积极型干预、限制型干预三种策略上的总得分作为自变量,以儿童媒介使用能力得分作为因变量,进行线性回归分析,得出相应的回归参数,如表4.24所示。

表4.24 父母干预策略对儿童媒介使用能力影响的线性回归参数

变量	非标准化系数(B)	标准误(SE)	标准化系数(β)	t值	P值	容许值	VIF
截距项	3.073	0.228	—	13.499	<0.05	—	—
共同使用	0.115**	0.041	0.116	2.821	<0.05	0.810	1.235
积极型干预	0.223**	0.041	0.230	5.502	<0.05	0.788	1.269
限制型干预	-0.190**	0.040	-0.192	-4.757	<0.05	0.847	1.181
模型统计量							
调整后R^2	0.164						
F值	40.802**						

注:**表示该结果在统计学上具有显著性。

由表 4.24 中调整后 $R^2=0.164$、$F=40.802$、$P<0.05$ 可知,模型的拟合检验通过,表明父母干预策略对儿童媒介使用能力的影响是显著的。父母在选择干预策略时,应充分考虑不同策略可能对儿童媒介使用能力产生的不同影响。

其中,共同使用策略对儿童媒介使用能力有显著正向影响($B=0.115$, $P<0.05$)。这表明,当父母更多地与孩子共同使用媒介时,儿童的媒介使用能力会得到提升。

积极型干预策略对儿童媒介使用能力有显著正向影响($B=0.223$, $P<0.05$),且影响程度大于共同使用策略。父母主动引导孩子使用媒介、与孩子讨论媒介内容等,都有助于提升儿童的媒介使用能力。

限制型干预策略对儿童媒介使用能力有显著负向影响($B=-0.190$, $P<0.05$)。这表明,当父母过多地限制孩子使用媒介时,可能阻碍其媒介使用能力的提升。

综上所述,本研究的假设 H2a、H2b、H2c 得到验证。

(三)父母媒介素养与儿童媒介使用能力的线性回归分析

以父母媒介素养在媒介使用、媒介认知、媒介参与维度的总得分作为自变量,以儿童媒介使用能力得分作为因变量,进行线性回归分析,得出相应的回归参数,如表 4.25 所示。

表 4.25　父母媒介素养对儿童媒介使用能力影响的回归系数

变量	非标准化系数(B)	标准误(SE)	标准化系数(β)	t 值	P 值	容许值	VIF
截距项	1.620	0.168	—	9.658	<0.05	—	—
媒介使用	0.284**	0.040	0.299	7.144	<0.05	0.708	1.412
媒介认知	0.132**	0.037	0.145	3.568	<0.05	0.745	1.341
媒介参与	0.018**	0.041	0.181	4.419	<0.05	0.739	1.352
模型统计量							
调整后 R^2	0.249						
F 值	68.093**						

注:**表示该结果在统计学上具有显著性。

由表 4.25 中调整后 $R^2=0.249$、$F=68.093$、$P<0.05$ 可知,模型通过了拟合检验。该模型对儿童媒介使用能力变异的解释率为 24.9%。这个比例不算

高,说明除了父母媒介素养外,还有其他因素影响儿童媒介使用能力,如儿童自身的兴趣、同伴影响、学校教育等。但父母媒介素养仍然是影响儿童媒介使用能力的一个重要因素。

在父母媒介素养的三个维度中,媒介使用对儿童媒介使用能力有显著正向影响($B=0.284, P<0.05$)。这意味着父母使用媒介越频繁、越熟练,儿童的媒介使用能力也越强。在三个自变量中,媒介使用的影响最大($\beta=0.299$),这可能是因为父母使用媒介的行为直接为儿童提供了学习和模仿的对象,父母熟练的媒介操作技能也能更直接地帮助儿童提升媒介使用能力。

媒介认知对儿童媒介使用能力有显著正向影响($B=0.132, P<0.05$)。当父母对媒介有更深入的认知时,往往能够更好地引导儿童识别和选择优质的媒介内容,帮助儿童理解媒介信息,从而促进儿童媒介使用能力的提升。

媒介参与对儿童媒介使用能力有显著正向影响($B=0.018, P<0.05$)。虽然媒介参与的非标准化系数(B)数值相对较小,但其标准化系数(β)表明,在控制了其他变量后,媒介参与对儿童媒介使用能力的影响大小($\beta=0.181$)仅次于媒介使用。父母积极参与儿童的媒介使用活动,能够提供及时的指导和反馈,有助于激发儿童对媒介的兴趣和探索欲望,进而提升其媒介使用能力。

综上所述,本研究的假设 H3 得到验证,即父母媒介素养在媒介使用、媒介认知、媒介参与三个维度上均对儿童媒介使用能力具有正向影响。其中,父母自身的媒介使用行为对儿童的影响最为显著,其次是父母与儿童在媒介使用上的互动参与,而父母对媒介的认知理解也发挥着积极的促进作用。研究结果表明,提升父母媒介素养是促进儿童媒介使用能力发展的重要途径。家长可以通过强化自身媒介使用技能、深化对媒介的认知理解,以及积极与孩子互动参与媒介活动,更好地支持和引导儿童发展媒介使用能力。

第五章　父母媒介素养的影响路径与提升策略

为深化对问卷调查结果的解释力,聚焦父母媒介素养与干预策略的关联性,本研究采用混合方法设计,在量化分析基础上融入质性研究。研究团队遵循目的性抽样与随机抽样相结合的原则,在全国范围内招募 13 名小学学龄儿童监护人作为访谈对象,样本覆盖不同地域经济带、家庭收入层级及教育背景群体,以确保研究结论的生态效度。访谈工具采用层级化问题矩阵,涵盖如下内容:被访者的个人情况、家庭收入水平;家庭环境中儿童媒介使用的设备类型、时长、内容偏好;父母对儿童媒介使用的态度;父母在日常生活协助儿童媒介使用的方式及干预原因等。本研究通过半结构化访谈,旨在揭示家庭媒介实践中的行为动机与情境化决策逻辑,探究父母干预策略的差异化实施路径及影响因素。此举响应了混合方法研究中"互补性"原则——质性数据能够解释量化结果中的矛盾之处,并挖掘行为背后的深层动因。

第一节　家庭文化资本与干预策略的双重影响

一、影响路径一:家庭文化资本的无形传承

文化资本是法国社会学家皮埃尔·布尔迪厄提出的概念,他指出资本存在经济资本、文化资本和社会资本这三种形态。其中,文化作为一种不同于经济力量和社会关系的资本形式,成为影响社会稳定和秩序的决定性力量。文化资本在家庭中形成,通过父辈言传身教的方式传承到下一代身上,形成文化资本的再生产。近 20 年来,文化资本的概念被越来越多地用于解释社会地位和教育之间的关系。惯习、场域和权力符号是文化资本理论的三个核心概念。其中,惯习是个人无意识中形成的一系列行为模式的综合体现;场域是个人在社会结构中所处的客观位置。当儿童继承了父母的惯习时,这可以看作是文化资本再生产的一种表现。与经济资本通过遗产直接继承的方式不同,文化资本的再生产是通过家庭教育、学校教育等中介机制实现的。

第五章　父母媒介素养的影响路径与提升策略

文化资本理论认为，家庭不仅通过简单的经济收入来影响儿童的社会化过程，更通过文化资本这一关键要素作用于家庭教育，以无形却强有力的方式作用于儿童的人生（谢永飞等，2016）。家庭文化资本是家庭成员通过相互交流和实践所积累起来的，占有特定的社会资源（如学历、文化商品以及实践中所表现出的文化知识、文化技能、文化修养等）并具有相对稳定性的资本，它体现在家庭和社会实践活动中，对学生的成长有着重要的指引、促进乃至阻碍作用（孙银莲，2006）。家庭文化资本可以划分为主体形态、客体形态和制度形态三类，其中主体形态的家庭文化资本指个体通过教育形成的文化素养、知识技能及教育方式等（罗芳等，2017）。

数字时代，家庭媒介实践成为一种新兴的家庭互动方式。父母的媒介素养以文化资本的形态，持久地对儿童的媒介使用行为产生影响，并通过代际传承的方式加剧固有的数字鸿沟现象，最终形成社会阶层的再生和复制。

家庭媒介实践中的惯习包括父母关于媒介的一系列认知、行为、言语等。欧美国家对媒介素养教育的关注和实践走在前沿，例如探究父母对媒介的批判性思考如何影响亲子互动态度，以及父母数字技能差距在干预行为上的体现。我们有理由相信，文化和价值取向可能决定父母的教养风格和干预策略。

关于父母干预影响因素的研究指出，虽然父母一般试图监管和控制孩子的媒介使用行为，但由于年龄、性别、社会经济地位等个体特征的差异，家庭内部沟通模式、父母参与互动程度的不同，以及父母对媒介的感知程度和使用能力的区别，具体的父母干预实践呈现出不同的水平和效果。本研究发现，父母对媒介的认知和使用能力及亲子互动模式比亲子人口特征发挥更重要的作用。

一方面，父母具备较高的媒介素养，可在儿童媒介使用方面发挥良好的示范作用。小学是儿童成长的关键时期，通过复制并内化父母的媒介使用习惯，儿童的媒介使用、媒介认知和媒介参与行为会与父母趋于一致。家庭文化资本通过惯习的培养，作为一种无形却有力的传递机制，贯穿于儿童社会化全过程，持久地影响下一代文化资本的形成和累积。同时，媒介认知能力较强的父母倾向于培养儿童的独立思考能力，不会刻意用管理教条来约束儿童。相应地，儿童在充分的媒介使用过程中，会逐步厘清网络世界的概貌，形成自己的认知，提高自身的信息评估能力。

另一方面，经济资本和文化资本在某些情况下也可以相互转化。由于家庭经济资本的差异，不同家庭在媒介实践的经济投入也存在差异。经济水平高的

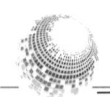

家庭在儿童媒介实践方面的投入意愿更强,不仅体现在平板电脑等硬件设备的投入上,还包括对知识付费类内容的投入意愿(赵鹏,2021)。

访谈对象 N1-G 先生(北京,44 岁,女儿六年级)表示自己经常鼓励子女自主利用手机和平板电脑等媒介探索和学习:"我觉得在当前的大环境下,学会合理运用媒介,科学广泛地获取信息,肯定比家长一味禁止要好。"

有研究显示,家庭的社会经济背景还通过影响家庭传播环境间接作用于下一代的媒介素养。也就是说,家庭媒介条件越好,儿童的媒介参与行为越频繁,其媒介技能水平也越高(江宇,2008)。而这种经济资本上的投入也会折射在以媒介为中介的教育实践当中,显露出教育不平等的另一个面向。在固有社会结构的强大力量下,父辈媒介素养的差异可能在下一代身上"重现"。

二、影响路径二:不同干预策略的有形管控

研究结果表明,父母所采用的干预策略对儿童媒介使用能力具有显著影响。其中,共同使用策略与积极型干预策略对儿童媒介使用能力产生正向影响,限制型干预策略则对儿童媒介使用能力产生负向影响。这提示我们,不能简单思考父母媒介素养与儿童媒介使用的直接关系,而应该充分考虑父母干预行为这一有形的管控和引导方式。

父母是儿童社会化过程中重要的"把关人"。为了引导孩子更好地参与社会化过程,他们会采取不同的育儿策略,而在家庭媒介实践中的干预行为,正是这些策略的具体体现之一。研究发现,在家庭媒介实践过程中采取陪伴、辅助及对话、引导策略的父母,更有益于培养儿童的媒介使用能力;而倾向于采取简单限制措施,缩小儿童的媒介使用空间,且缺乏沟通疏导的父母,其教育效果往往不佳。在一些关于家庭沟通模式与父母干预的研究中也有类似发现,如受父母限制、监控越多的儿童,反而越容易成为网络霸凌者(朱秀凌,2021);采用"保护型"教养方式的家庭中,儿童的数字媒介素养水平较低(纪政,2021)。这是因为,在强调顺从、一味要求遵守既定规则而缺乏解释探讨的亲子互动模式下,儿童的自主性和能动性会被削弱,在纷繁复杂的媒介环境中,他们也更容易受到不良信息的影响;而积极通过对话方式采取有目的指导的父母,会鼓励儿童培养自主意识,引导儿童在具体的媒介实践中形成自己的主见,逐步提高媒介使用能力。

1. 积极型干预策略有助于父母引导儿童获得自律并实现成长

心理学家维果斯基的"最近发展区"理论指出,儿童具有良好的学习和模仿

能力,在成人的引导下,如通过启发性提问、案例讲解和行为示范,能够完成那些他们当前无法独立完成的任务(宋宝萍,2005)。也就是说,如果父母在儿童学习使用媒介的早期就能在具体的实践过程中提供针对性的指导、互动性的帮助,就能为儿童媒介使用能力的培养奠定良好的基础。

首先,从调查和访谈的结果来看,我国父母比较重视儿童媒介使用中的网络安全问题,普遍可以有意识地、主动和孩子说明安全上网的方式。

在13位访谈对象中,只有N10-徐女士(绵阳,32岁,儿子一年级)没有与孩子聊过安全上网的方式,"他现在还不太懂,对网络安全还不是很明白。"其余12位家长都表示已多次提醒孩子要注意网络安全。

访谈对象N1-G先生(北京,44岁,女儿六年级)说:"我经常给她看有人在网络上被骗的那种新闻,提醒她不要跟陌生人聊天,不要自己偷偷给游戏充值。"

访谈对象N4-L女士(邯郸,39岁,女儿二年级)表示:"在孩子刚接触媒介时,我和他讨论过使用方法。提醒孩子不要点击一些弹出广告和网址,并限制上网时间,防止她沉迷网络。"

访谈对象N9-郭女士(绵阳,36岁,女儿五年级)表示:"网上有一些不适合小朋友看的内容,我们就跟她说可以设置青少年模式。有时候网上跳出一些弹窗或链接,我们会告诉孩子不要轻易点击,因为可能遇到诈骗。"

其次,在对网络内容进行辨析、筛选、评价方面,有一部分父母并没有意识到要教会孩子解析和批判内容的方法。只有少量父母会引导孩子运用媒介工具进行创作,以提升其使用技能,充分发挥媒介的赋能效应。

访谈对象N2-G女士(合肥,34岁,女儿二年级)表示,当女儿使用自己的手机看视频时,"一般都是我调好给她看,偶尔也会让她自己玩一会儿。"她还没有开始鼓励孩子自主利用媒介进行探索和学习,"现在还不敢让她玩电脑,等孩子大点再看吧,现在还没有什么是她能独立完成的。"

访谈对象N11-尹女士(襄阳,38岁,儿子三年级)则表示,自己会鼓励孩子自主利用媒介进行探索和学习,"我的小孩对天文很感兴趣,可是我对这块几乎不了解甚至不感兴趣。他会自己搜索视频,有不懂的问题也会自己学习,还会和小伙伴讨论,我觉得这样挺好的。"在孩子使用App的青少年模式时,她还会和孩子讨论该模式有待改进的方面。

从调查和访谈的结果来看,在培育孩子的独立批判意识、让孩子作为创作者参与媒介内容生产方面,家长之间的差异较大。

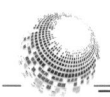

虽然积极型干预相较于其他两种干预方式具有一定的优势,但在当代"内卷""鸡娃""996"等各种社会风气的裹挟下,父母大多疲于应对生活中的各项事务,难以有充足的时间和充沛的精力对儿童的媒介实践进行积极干预。同时,这种干预策略对父母的媒介素养要求较高,并不适用于所有家庭。父母在实施积极型干预策略的过程中,要把握"宜疏不宜堵"的原则,即针对媒介内容进行讨论或评价时,采用引导为主的方式,锻炼儿童自主思考和判断的能力,使其逐渐养成良好的媒介使用行为规范,增强自我约束的意识。

2. 共同使用策略有助于父母及时了解儿童的媒介使用情况

父母的陪伴与倾听是促进沟通的关键,共同使用过程中创造了亲子沟通的机会,有益于家庭和谐关系的建立。多位访谈对象表示,他们经常在吃饭的时候一起看视频。

然而,共同使用方式不当也可能放任儿童接触到不当媒介内容,增大儿童面临的网络风险。实际上,"共视"但不展开讨论,有可能变为一种"沉默的认可",容易让缺乏辨识能力的儿童全盘接受网络中的流行文化。持续的沉默可能演变为对儿童媒介使用的忽视,若不在适当时机进行积极干预,很有可能适得其反。

"数字保姆""iPad宝宝"等现象的出现警示我们,要重新审视媒介使用场景中家长与儿童的共视、共用、共建行为。陈青文在带领团队开展儿童媒介使用情况调研的过程中发现:当父母用媒介代替自己陪伴孩子时,实际付出的代价可能是巨大的——随着年龄增长,儿童更易对媒介产生依赖,此时即便父母试图陪伴他们,孩子也可能持续沉浸在与机器的交互中难以自拔。针对这一现象,本研究认为,共同使用行为的效果取决于父母的实施意图、实行方法。明确教育性目标,对内容进行筛选,并展开共同使用行为,能产生积极效果;而一味地利用媒介当作家庭的"陪伴代餐",只会适得其反。

3. 限制型干预策略有助于有效隔绝网络中的潜在陷阱

一般限制策略更适用于缺乏自制力的低龄儿童,主要体现在对电视、平板电脑、手机等电子屏幕使用时间的管控中。

从调查和访谈结果来看,目前大多数家长对孩子使用媒介的管控措施以时间管控为主。N10-许女士(绵阳,32岁,儿子一年级)表示:"我会让孩子戴电话手表去学校,但在他上课期间,我会通过手机上的App控制他的手表,开启禁用功能。"

一般限制策略方式直接、短期效果明显,但在实施过程中要避免武断、专制的态度,否则不利于儿童自主能力的培养,甚至可能导致孩子的叛逆心理和反抗行为。

关于儿童的媒介使用时间,在13位访谈对象中,除了一位被访对象——N5-M先生(邯郸,30岁,儿子四年级)表示"不太限制,我们平时事情比较多",其余12位家长均表示会明确限制,且允许时长从每天10分钟到4.5小时不等。家长的限制主要出于对孩子视力受损的担忧,例如"电子屏对眼睛有伤害,他小时候我们每天只让他看手机10分钟左右。现在孩子长大了,允许的时间就变长了一点。"

有两位家长明确表示,担心儿童因自制力差、沉迷网络而影响学习。例如N13-安女士(宜昌,42岁,女儿六年级)表示:"在孩子高中毕业之前,我肯定会控制她的屏幕使用时间,要是因为这个耽误学习就不好了。"

有一位家长担忧网络信息良莠不齐,怕孩子接触到负面的内容。例如N11-尹女士(襄阳,38岁,儿子三年级)表示:"网络世界水太深,陷进去不好。"

随着媒介技术进步而产生的技术限制手段,对父母提出了更高的媒介素养要求。有意识地运用媒介设备的技术限制功能成为父母应当掌握的技能。合理利用技术限制手段可以提前杜绝不良信息对儿童的影响,例如开启青少年模式,可对媒介使用时间和内容进行前置把控,减少干预成本。但技术限制的精准度和实效性有限,不能完全代替其他干预手段。

家长对辅助型技术手段的了解存在较大的差异。访谈对象N3-D先生(合肥,36岁,儿子四年级)表示"没有用过",但该市的另一位母亲,访谈对象N2-G女士(34岁,女儿二年级)则表示"孩子看的视频软件常年都设置了青少年模式。"

监控是父母监管儿童媒介使用行为的另一种方式,有助于及时了解儿童上网情况。访谈对象N2-G女士(合肥,34岁,女儿二年级)表示:"之前孩子上网课的时候,我会看电脑的网页浏览记录,看她有没有退出去玩别的,不好好听课。"

但监控策略的实施也面临诸多问题:一方面,监控儿童的行为容易模糊儿童个人隐私的边界,乃至影响亲子关系;另一方面,随着儿童媒介使用技能和隐私意识的提高,他们可能隐藏自己在网络世界的行踪,甚至为父母呈现一个虚假的网络形象,例如将微信朋友圈设置为仅父母可见等操作,让父母对儿童上网行为和生活状态产生错误的认知和判断。访谈对象N7-由女士(渭南,45岁,女儿四年级)在访谈中表示会限制孩子的使用时间,"一天只能看手机半小时,这是我的要求。但是孩子一般做不到,会自己想办法偷偷玩耍。"

综合以上讨论可以发现,各类干预策略对儿童媒介使用的影响确有差异,但教育是一个庞杂的系统工程,要结合具体的家庭情况采用最适宜的干预方式引导儿童的媒介使用行为。要理性看待各类干预策略的实施在儿童媒介实践中的优势和劣势,通过不同干预方式的组合,发挥父母干预的积极作用。

在数字化浪潮中,父母的媒介素养已成为家庭教育的重要组成部分,深度嵌入家庭媒介实践的各个环节。这种素养不仅影响着家庭互动的质量,更在优化教育干预方式、履行教养职责等方面发挥着关键作用。面对日新月异的媒介环境,父母唯有持续提升自身媒介素养,使其与时代发展同步,才能有效引导儿童的媒介使用行为,为儿童的数字化成长提供科学、适切的干预与支持。

此外,在积极探讨父母媒介素养对儿童媒介使用的影响时,也不能忽视儿童作为受众的主体力量。作为"数字原住民",儿童可以通过反哺父母的方式缩小代际媒介素养差距。同时,要通过社会协同治理来消弭因社会结构不平等导致的代内差异,为父母开展儿童媒介素养教育创造有利条件。

4. 媒介素养的高低成为父母是否胜任儿童媒介干预工作的关键因素

本研究从媒介使用、媒介认知、媒介参与三个维度入手,不仅探讨了父母媒介素养对干预方式的影响,还进一步明确了媒介素养不同维度对父母干预的影响程度的强弱,是对现有研究的深化和拓展。

统计结果显示,父母媒介素养的三个维度均与儿童媒介使用能力之间存在显著相关性。进一步对三者展开线性回归分析,发现媒介使用、媒介认知和媒介参与均对儿童媒介使用能力有显著正向影响,且媒介使用的影响最强。媒介素养的高低是直接衡量父母自身素质的标准之一,成为父母在胜任儿童媒介干预工作的关键因素。

1)父母媒介素养正向影响共同使用策略

由表4.21可知,媒介使用、媒介认知、媒介参与对共同使用策略的标准化系数分别为0.169、0.150、0.221,说明媒介参与对共同使用策略的影响最强,媒介认知对共同使用策略的影响最弱。父母于孩子在场时高频使用媒介开展上网活动,会增加孩子接触网络的机会。与媒介认知素养高的父母相比,媒介参与素养高但缺乏对媒介信息的批判性思考能力或意识的父母,更有可能沉浸在自己的网络世界中,从而忽略与儿童就媒介使用进行有益的讨论和互动,并且他们更容易采取共同使用措施。一种可能的原因是,父母自身是媒介的重度使用者,在家庭互动中也常常是手机、平板电脑等设备不离手,用共视、共用等方式代替了更为积极、亲密的亲子互动,即利用电子设备作为"保姆"来辅助育儿。一项关于父母低质量育儿的研究也表明,倾向于利用媒介进行放松的父母更有可能采取消极育儿方式,但父母媒介使用对儿童的具体影响,还要考虑父母在家庭互动中参与媒介的时间投入与使用动机(Zhang et al.,2022)。

2)父母媒介素养正向影响积极型干预策略

由表4.22可知,媒介使用、媒介认知、媒介参与对积极型干预策略的标准化系数分别为0.177、0.231、0.188,这表明媒介认知对积极型干预策略的影响最强,其次是媒介参与,而媒介使用的影响相对较弱。这与已有研究的讨论相似,认为媒介认知、评估能力是媒介素养的核心。在一项父母干预青少年手机游戏行为的研究中发现,积极型干预策略的实施与父母的媒介素养紧密相关,当父母对手机游戏存在认知和使用障碍时,积极型干预策略则无法施展(黎藜等,2022)。

访谈对象N12-李先生(襄阳,40岁,儿子二年级)在访谈时谈道:"我现在的生活和学习已经离不开媒介了。不断更新信息获取技能才能接触到更多自己想要的信息。"他认为自己具有较强的信息获取意识,"我是一个喜欢思考的人,平常也会积极获取信息、过滤信息、分析信息。"

在谈到和孩子相处时,李先生说:"现在的媒介这么发达,家长都想记录下自己参与孩子成长的过程。我会跟孩子一起创作短视频作品,发布在微信视频号和抖音等平台上。当然我也会跟孩子一起打游戏,我觉得这是一件有趣的事情,也能拉近我们父子间的距离。"在生活中,他曾鼓励孩子利用媒介探索和学习,"希望孩子能好好利用媒介拓展自己的知识面,提升自身能力。"

在与孩子交流媒介使用体验、经验或共同解决问题的过程中,不仅能增进亲子间的理解与互动,也有助于及时掌握孩子的动态。因此,积极型干预策略的实施对家庭的要求较高,尤其要求父母具备一定的媒介认知素养。

3)父母媒介素养负向影响限制型干预策略

由表4.23可知,媒介使用、媒介认知、媒介参与对限制型干预策略的标准化系数分别为-0.207、-0.205、-0.186,说明媒介使用对限制型干预策略影响最强,媒介参与对限制型干预策略影响较小。由于父母自身媒介素养的限制,他们往往难以客观、全面地认识媒介的功能及其潜在效用。这种认知局限和偏差会使他们采取更为严格的干预措施。同时,数字技术的快速发展和媒介的不断更迭让人应接不暇,面对海量媒介信息和层出不穷的媒介实践活动,人们总是边实

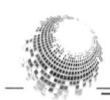

践边学习。而媒介使用程度低的父母难以迈出信息获取、技能更新的步伐,可能还会对接触新事物抱有抵触、恐慌心理,增加对网络风险的忧虑,从而转向对儿童媒介使用的限制。如学者郑春风(2022)所说,缺少必要的媒介素养基础的父母,倾向于在儿童媒介实践中采取以权威式管理为主导的限制型干预策略。Livingstone 等(2009)也认为,处在传统社会语境的父母,或倾向于对儿童的媒介使用进行限制型干预,或倾向于不干预。

总而言之,本研究通过问卷调查,针对小学生父母回收了 608 份有效问卷。通过对父母媒介素养不同维度、不同类别的干预策略选择及儿童媒介使用能力进行描述性统计和回归分析,主要得到以下结论。

第一,所有受访家庭的儿童都在不同程度上开展了媒介实践活动,其中学习是儿童使用媒介的主要目的,社交、娱乐也让他们流连忘返,但在受访家庭的儿童媒介实践过程中,23.5%的父母存在缺位现象。父母在媒介使用方面有较为广泛的应用,认为自己具备较好的媒介认知能力,且愿意开展媒介参与行为。在干预策略的选择中,父母更倾向于采取共同使用和积极型干预策略,而非限制型干预策略,认为儿童具有较好的媒介使用能力,能利用媒介拓展知识、丰富生活。目前大部分父母能够主动指导孩子学习如何安全上网。但仅有少数家长会有意识地鼓励孩子利用互联网学习技能或者进行创作。

第二,父母媒介素养在媒介使用、媒介认知、媒介参与三个维度上对共同使用策略均产生正向影响。其中,媒介参与程度高的父母更倾向于实施共同使用策略,这一做法既能增加孩子接触媒介的机会,又能让父母及时了解儿童的媒介实践情况。然而,若过分依赖电子产品作为辅助育儿的手段,甚至用其代替亲子间的有效互动,这类干预方式只会适得其反,容易让缺乏自我约束能力的儿童沉浸在媒介世界难以自拔。

第三,父母媒介素养在媒介使用、媒介认知、媒介参与三个维度上对积极型干预策略均产生正向影响。其中,媒介认知对积极型干预策略的影响最强。媒介思辨、批判、评估是积极型干预策略实施的核心素养,该素养越强的父母越有可能在儿童开展媒介实践的过程中与其进行有目的的沟通,并给予积极的引导,从而锻炼儿童自身的媒介认知能力。

第四,父母媒介素养在媒介使用、媒介认知、媒介参与三个维度上对限制型干预策略均产生负向影响。其中,媒介使用对限制型干预策略的影响最强。若父母很少接触新兴事物,对网络世界的风险忧心忡忡,加之缺乏开展媒介实践的

第五章 父母媒介素养的影响路径与提升策略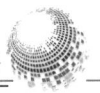

基本素养,则其媒介教育话语权将被逐渐削弱,只能在儿童媒介实践中采取以权威式管理为主的限制型干预策略。

第五,父母干预策略的选择对儿童媒介使用能力有显著影响,其中,共同使用策略与积极型干预策略正向影响儿童媒介使用能力,限制型干预策略则负向影响儿童媒介使用能力。这提示我们,要采用引导为主的方式,在媒介实践中锻炼儿童自主思考和判断的能力,采取理性态度审视各类干预策略在儿童媒介实践中的优势与不足,通过科学组合不同的干预手段,使父母干预的积极作用得到最大限度的发挥。

第六,媒介使用、媒介认知、媒介参与及积极型干预策略均对儿童媒介使用能力产生显著的正向作用。家庭媒介实践属于文化资本继承的重要组成部分,父母对媒介的认知、态度、行为在无形中成为孩子模仿和学习的样本。

父母媒介素养在各维度上都对干预策略的选择和实施有显著影响,但各维度的侧重不同。作为儿童媒介实践中的"把关人",父母会根据自身媒介素养的高低采取相应的干预策略,这一点毋庸置疑。但这也提示我们,要注重整体性原则,在各维度上全面提升父母媒介素养,以发挥父母在家庭媒介实践中的积极作用。

第二节 提升父母媒介素养,优化干预策略

一、明确父母的教育者与把关人身份

在探讨如何有效应对数字时代给家庭教育带来的挑战时,我们不得不聚焦于一个核心议题:如何提升父母的媒介素养,并据此优化他们对子女的干预策略。这一议题不仅关乎儿童的健康成长,也直接关系到数字公民教育的未来走向。

在2023年2月召开的世界数字教育大会上,教育部部长怀进鹏指出,数字化转型是世界范围内教育转型的重要载体和方向,应积极推动数字教育国际合作,凝聚教育变革共识,共创美好教育未来。在数字化时代,家庭作为儿童接触媒介的主要场所,父母的角色尤为重要,他们不仅是儿童的监护人,更是儿童媒介素养的启蒙者和引导者。如何发挥家庭在媒介素养教育中"第一所学校"的重要作用,明确父母第一位序"把关人"的关键身份,是全面进行数字公民培育的首要问题。

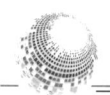

2018年5月31日,共青团中央维护青少年权益部、中国社会科学院社会学研究所与腾讯公司联合发布了《2018中国青少年互联网使用及网络安全情况调研报告》。这是我国首次针对青少年网络安全开展的全国性社会调查。报告显示,当代青少年网民的首次触网年龄普遍提前,约超六成青少年在6～10岁开始接触互联网,且逾八成具备较强的网络使用能力。随着网络接入更加便捷和普及化,青少年上网地点集中在家庭。这一空间特征与我国《家庭教育促进法》第四条、第十四条确立的"家庭主责教育"原则形成呼应,从法律层面明确了监护人在媒介素养教育中的责任——家庭是第一个课堂、家长是第一任老师。

从发展心理学视角来看,儿童自我约束力相对薄弱,其认知控制能力和价值判断体系尚未完全成熟。面对网络空间的多元刺激与潜在风险,若缺乏有效的监护干预,将显著增加儿童遭遇网络侵害的概率。在数字时代背景下,我们必须充分认识到将媒介素养教育纳入家庭教育体系的必要性与紧迫性。唯有加强家庭媒介素养教育,科学引导儿童的媒介使用行为,才能真正推动《家庭教育促进法》的有效实施。

虽然家庭对儿童媒介素养培育有不可或缺的作用,但本次调研中仍有23.5%的父母表示"不参与儿童的媒介使用过程",证实当下仍存在着严重的父母干预缺位的现象。这一现象不仅可能增加儿童在网络风险下的暴露概率,也可能阻碍家庭媒介素养教育的有效实施。

访谈对象N1-G先生(北京,44岁,女儿六年级)表示,"有空的时候,偶尔我也会陪一陪孩子。但我经常出差,回家后也挺忙,不会特意待在旁边看她(玩手机或平板电脑)。"

访谈对象N5-M先生(邯郸,30岁,儿子四年级)说:"我和孩子妈妈平时都比较忙,孩子用手机的时候我们一般都不在他身边。"

父母的行为模式和媒介使用习惯直接影响孩子的媒介使用行为。研究表明,如果父母频繁使用媒介,孩子会模仿这种行为,并增加屏幕使用时间。因此,父母应反思自己的媒介消费方式,避免在孩子面前过度使用手机等设备。

父母在家庭媒介素养教育中具有双重主体身份。一方面,父母作为教育者,应在家庭场域中对儿童媒介实践进行指导。他们需要了解媒介的特性,掌握数字时代的教育方式,帮助儿童树立正确的媒介观念,培养儿童的媒介批判能力和自我约束能力。另一方面,作为被教育者,面对数字技术的更迭,父母也需要在各界的帮助下不断提升自身的媒介素养,以获得更多的文化资本。他们应主动学习媒介知识,提升自己的媒介使用能力,以便更好地与儿童沟通,共同探索媒介的奥秘。此外,还需加强对父母干预行为的研究和指导,为其提供科学、可操作的教养策略,为构建良好的数字公民教育体系打好基础。

二、培养持续学习的能力,适应数字时代

随着互联网的飞速发展,新兴软硬件技术层出不穷,各种媒介信息如浪潮般奔涌而来——小到App更新的一个功能、网络狂欢的一个"热梗",大到"区块链""元宇宙"等新兴概念的出现。面对纷繁多样的媒介信息,不仅儿童需要适应,父母作为新时代公民,也应与时俱进,不断提高自身的媒介素养,既要具备批判性解读能力,又要掌握基础的媒介使用技能,还要有深入参与媒介实践的素养。然而,媒介素养不是与生俱来的,而是需要后天不断学习和培养的能力,这一过程贯穿人的一生。

2010年2月,全国妇联、教育部等部门联合发布《全国家庭教育指导大纲》,2019年又发布修订版,针对不同年龄阶段儿童的家庭教育指导提出相应要求和建议。其中,在12～15岁儿童的家庭教育指导中明确提及"提高儿童信息素养",要求"指导家长正确认识媒介对儿童的影响,掌握必要的信息知识与方法;了解儿童使用各种媒介的情况,培养儿童对信息的是非辨别能力和加工能力;鼓励儿童在使用网络等媒介的过程中学会自我保护、自我尊重、自我发展;丰富儿童生活,规范上网行为,预防网络依赖;了解网络沉溺标准,能够在专业机构和人员的帮助下,指导儿童戒除网络沉溺行为。"

令人遗憾的是,当前0～12岁儿童的家庭教育指导体系存在明显的媒介素养教育缺失。这一断层现象折射出深层次问题:表面上是教育阶段的"年龄差",实质上反映了国家教育指导体系与家长群体对早期媒介教育的认知滞后与重视不足。更值得关注的是,现有教育指导大纲和政策直到青少年阶段(12岁以后)才将"信息素养"和"网络自我保护"纳入重点,而此时儿童往往已形成固化的媒介使用习惯(包括潜在的不良习惯)。这种滞后的干预模式,使教育者不得不在习惯养成后进行补救性调整,却可能已错过关键的媒介素养"播种期"(0～6岁)和行为"塑造期"(6～12岁)。

这种认知缺失体现在以下两个方面。

一是政策前瞻性不足。作为引导社会认知和实践的国家级指导文件,《全国家庭教育指导大纲》在0～12岁阶段存在明显的媒介教育缺位。这种滞后性体

现在:未能及时回应数字技术飞速发展对低龄儿童带来的深远影响;未将媒介素养视为与语言、认知、社交同等重要的基础素养,纳入早期教育框架。这导致家庭在应对低龄儿童触网、使用电子设备时,缺乏权威、系统、科学的指导依据,教育实践极易陷入"放任自流"或"粗暴禁止"的两极。

二是家长的媒介教育意识与能力存在鸿沟。许多家长作为"数字移民",对媒介的双刃剑效应(如信息过载、虚假信息、隐私泄露、网络沉迷、不良内容侵蚀)认识不清,更缺乏在儿童心智未成熟阶段进行有效引导和防护的知识与方法。他们可能只关注设备的使用时长,却忽略了内容选择、信息的批判性解读、网络行为规范,以及最重要的——数字世界中的安全与自我保护能力培养。将媒介素养教育延迟到青春期,无异于将孩子过早地、无防护地暴露在复杂的数字丛林之中。

2022年一项对父母媒介干预措施的调查指出,小学生家庭中的父母干预主要表现为"规定时间,没规定内容",而高中生家庭中的父母干预更多的是"规定时间,也规定内容"。父母干预措施呈现出对小学生宽容、对高中生严苛的"倒挂"现象,这显然违背了未成年人身心发展规律,属于"一刀切"的规则制定模式。不合理的规则和引导可能导致事与愿违的结果,因此必须摒弃"孩子小,不懂""长大再教也来得及"的陈旧观念。

人工智能、算法推荐、元宇宙等新技术重塑媒介生态的速度远超传统教育经验积累周期。父母的知识保鲜期急剧缩短,唯有持续学习才能维持教育话语权。因此,父母必须主动学习数字知识,提升自身媒介素养。要认识到,引导低龄儿童正确、安全、有益地使用媒介,与关注他们的饮食健康、情感需求同等重要。若父母固守"触网=玩游戏"的刻板认知,将无法理解儿童在虚拟社交、在线创作、AI交互中的真实行为逻辑。家长需要学会与孩子共同探讨媒介内容,设定合理规则,成为孩子探索数字世界的"导航员"和"守护者"。

研究显示,父母的媒介素养水平影响干预策略的实施及效果,同时,父母的媒介素养会通过文化资本传递的形式转移到儿童身上。因此,父母在引导儿童正确使用媒介的同时,应发挥以身作则的榜样作用,关注自身媒介素养的提升,陪伴儿童共同科学利用媒介进行自我提高。

1. 加大对父母媒介素养的教育培训力度

首先,要明确父母媒介素养的教育体系,从媒介使用、媒介认知、媒介参与三个维度打造系统课程,不断提升父母的媒介接触、信息获取能力,理解、评估能力和创新能力。

其次，要建立父母媒介素养的培育机制，在深刻认知父母在儿童媒介实践中的重要把关作用后，设置满足实际需求、针对实际问题的系列培训课程，达到学以致用、行之有效的效果。

再次，确立"终身学习"的媒介素养教育模式，保持开放心态，顺应社会发展需求，更新自己的使用技能。

最后，还要提供多元的媒介素养培训方式，例如利用录播课、短视频等手段，考虑到父母有限的学习时间和精力，在保证课程质量的同时开展培训。

2. 自主增强媒介意识，强化媒介批判思考和创造参与能力

绝大多数公民的媒介素养是在被动接触媒介、无意识间习得的，这种习得是浅层次、低水平的（蔡骐等，2013）。研究表明，父母的媒介认知水平对积极型干预具有显著影响。增强媒介自主意识有助于提升其媒介认知能力，从而促使父母采取积极策略，更好地引导儿童的媒介使用行为。此外，也要更新自身教育理念，与儿童共同进步，甚至可以通过儿童对自己进行"反哺"式教育，这既有利于父母媒介素养的提高，也有利于儿童媒介使用能力的提升，同时在良好的沟通互动中促进家庭亲子关系，减少与儿童之间的代际差异。

我们需要明确父母在家庭媒介素养教育中的双重角色：他们既是教育儿童的施教者，也是接受媒介素养教育的受教者。父母媒介素养的持续提升，本质是打破工业时代教育者与被教育者的单向关系，构建共同适应技术文明的成长伙伴关系。在家庭教育指导体系存在结构性缺失的背景下，父母作为儿童媒介教育的"第一责任人"，其认知升级和能力建设已成为破解困局的核心钥匙。要求父母主动培养持续学习能力、深化媒介认知、追踪技术趋势，绝非额外负担，而是数字时代赋予家庭教育的必然要求。

三、充分合理地利用媒介资源

家长在引导儿童与智能设备的互动方面扮演着至关重要的角色。许多父母将媒介简单归类为"学习助手"或"娱乐工具"，却忽略了其作为社会信息生态系统的多重功能。具备对媒介发展趋势的基本判断能力，有助于家庭从被动应对转向主动引导。

短视频不仅是内容载体，更是资本流量博弈、注意力经济收割的战场；网络游戏不只是虚拟娱乐，还承载着身份建构、社交资本积累等功能。父母只有理解这些复杂属性,才能预判儿童可能遭遇的隐私泄露、消费诱导、价值观冲击等隐性风险,并引导儿童利用媒介进行创造性表达(如编程、视频创作)、参与数字公民实践(如网络公益)、建立数字资产意识(如原创内容版权)。当父母意识到生成式 AI 可能引发的学术伦理危机时,便可以在小学阶段就向孩子传递"合理使用技术工具"的价值观。当父母能理解算法逻辑、"畅游"虚拟世界时,他们便不会为儿童筑起隔绝数字洪流的堤坝,而会成为引导其有效利用技术的导航者。积极的家长调解,包括共同使用和设定适当的限制规则,可以减轻数字设备使用的潜在负面影响。建立清晰的屏幕时间指导原则,并鼓励孩子多多参与户外活动和面对面互动游戏,有助于在数字参与和现实世界体验之间实现更健康的平衡。这既是对家庭教育空白的填补,更是对人类如何在技术狂潮中守护教育本质的深刻回应。

为引导儿童正确使用媒介,家长应注意以下三点。

首先,在决定下载某个应用之前,务必仔细阅读应用的描述、隐私政策并查看用户评论。同时,综合考虑应用的年龄适宜性评级以及是否符合行业标准等因素,为孩子选择适合其年龄和发育水平的媒介内容。

其次,家长应该充分地激活控制工具,通过设置时间限制、内容过滤和禁用应用内购买等措施,限制孩子对不适宜内容的接触,并监控孩子的在线行为。家长要定期检查孩子正在使用的应用,确保它们符合家庭的价值观和教育目标。若发现应用中存在不适当的内容或行为,应立即采取措施进行干预,防止孩子接触到不健康的内容,同时确保孩子在使用媒介时不会过度沉迷。

最后,父母的态度和育儿风格也会影响孩子的媒介使用。权威型的育儿风格通常与减少孩子的问题性媒介使用相关,而放任型的育儿风格可能导致孩子过度依赖媒介。因此,父母需要采取积极的育儿策略,如与孩子一起观看节目、讨论内容,并引导他们理解媒介中的虚构与现实之间的区别。参与孩子的应用体验,与孩子一起使用应用,这不仅能增进亲子之间的关系,还能让家长更深入地了解应用的内容和互动方式,从而更好地指导孩子。

第六章 未成年人模式在儿童家庭媒介实践中的应用

第一节 儿童媒介使用的保护与治理措施

为充分了解当前我国儿童媒介使用中的保护与治理措施,本节选取抖音、快手、哔哩哔哩、爱奇艺、小红书和喜马拉雅等热门软件作为代表,深入探究应用软件在儿童媒介使用方面的保护和治理措施。这些措施不仅涵盖了应用软件对不适宜儿童观看内容的过滤机制,还涉及保护儿童免受网络欺凌、提升儿童网络安全意识及构建健康网络生态等方面的举措。

一、持续优化的未成年人使用模式

2005年6月,我国出台了《网络游戏防沉迷系统开发标准》,同年10月,防沉迷系统在网易、盛大、九城、光通等7家网络游戏公司内部测试。此后该系统不断完善,并逐步拓展至其他领域。

2006年5月,在共青团中央、中央文明办、教育部等机构的指导下,20家网站共同发起"中国未成年人网脉工程",并开通面向未成年人的上网导航平台"网脉网"。该工程由政府多部门指导、网站联合发起,通过建立专属导航平台,为未成年人筛选安全可靠的网络资源,从源头引导健康上网。这种以系统工程形式整合社会力量的做法,体现了"疏堵结合"的理念。

2009年,工业和信息化部下发《关于计算机预装绿色上网过滤软件的通知》,要求所有个人电脑出场时预装"绿坝-花季护航"软件,试图通过技术强制手段屏蔽不良信息。该措施虽意图积极,却因隐私顾虑、误拦率高、兼容性问题引发社会讨论,最终未全面推广,但为后续技术防护积累了经验。

2018年7月,抖音率先推出青少年模式的相关功能;同年12月,西瓜视频紧随其后,开始限制未成年人的直播、充值、打赏、提现等行为。2019年3月28日,国家互联网信息办公室组织抖音、快手等短视频应用软件试点上线青少年防沉迷系统,以预防青少年沉迷网络。这是网络短视频领域首次开展青少年防沉迷工作。同年6月,全国主要网络短视频软件全面推广上线青少年防沉迷系统。该系统引导家长及青少年选择"青少年模式",对于呵护未成年人健康成长、行业履行社会责任、营造良好网络环境具有创新性意义。该模式从使用时段、时长、功能及浏览内容等多个维度,对未成年人的上网行为实施有效规范。例如,关闭站内搜索、弹幕评论、内容分享、私信聊天及充值打赏等功能,确保在青少年模式下,用户仅接触到健康、有益的内容。截至2019年10月,国内53家主要网络短视频应用软件已全面覆盖青少年防沉迷系统。

2024年1月1日,国务院通过的《未成年人网络保护条例》(简称《条例》)正式施行。《条例》从网络素养、信息内容、个人信息保护、防沉迷等方面,对涉及儿童保护的各方主体提出要求,明确规定应用软件负有"提供未成年人模式或者未成年人专区等,便利未成年人获取有益身心健康的平台内产品或者服务"的义务。同年11月,国家互联网信息办公室正式发布《移动互联网未成年人模式建设指南》,将"青少年模式"全面升级为覆盖全终端、全场景的"未成年人模式",再度彰显了国家对于未成年人网络防沉迷工作的重视与决心。此次升级扩大了未成年人模式的适用范围,为所有移动互联网应用(包括游戏、社交、直播等)建立统一标准,并将其纳入监管体系,强化法律约束力,推动防沉迷从"软件自律"向国家强制标准转变。

我国未成年人网络保护政策历经近20年发展,从内容过滤到限制时长、规范交互行为,再到全应用软件覆盖未成年人模式,逐步构建起"内容+行为+终端"的立体防护体系;从局部引导转向全域强制,从单一内容过滤升级为"行为—内容—功能"多维管控,彰显了国家政策设计的持续优化。尤其是2024年未成年人模式的全面推行,标志着防沉迷工作成为移动互联网服务提供者的法定责任。目前已形成政府主导、企业落实、社会参与、家庭协同的多元责任共担机制。

在未成年人模式下,应用软件须对内容进行严格的筛选,确保未成年人接触的信息都是积极、健康、有益的。该模式综合运用时间管理、社交限制等安全设置,帮助未成年人养成良好的上网习惯。在访谈中我们也发现,较多家长对未成年人模式表示出了极大的信任,如访谈对象N9-郭女士(成都,36岁,女儿五年级)提到:"我给孩子的iPad设置了青少年模式①,她只能浏览适合青少年的内

---

① 开展访谈的时间在"未成年人模式"正式上线之前,各平台设置的未成年人保护措施的命名并未统一。为了保证访谈资料的真实性,在引用访谈资料时仍然沿用当时的称谓,特此说明。

容,那些没有营养的信息都被过滤了。"访谈结果显示,多数家长协助孩子开启未成年人模式后,便不再陪伴使用。但该模式的功能设置和使用效果是否符合家长和儿童的预期,仍需验证。因此,研究团队着重对我国当前主要音视频应用软件的未成年人模式展开了调查。

二、实名认证制度

在考察的应用软件中,抖音、快手、哔哩哔哩、小红书、喜马拉雅均声明实施了"唯一绑定"策略,即每个实名制账号只能绑定一个平台账号,这一措施有效遏制了儿童通过冒用他人身份信息进行实名认证的可能性。爱奇艺软件在其隐私政策中明确指出了实名认证的必要性,如申请直播服务、网络游戏用户实名注册、购买金融产品或服务,以及申诉或重置未成年人模式等场景,均要求进行实名认证。这一举措不仅确保了用户身份的真实性,还有助于实现反欺诈等风险控制,为网络环境的净化贡献了力量。

然而,值得注意的是,在实际使用抖音、快手、哔哩哔哩、爱奇艺、腾讯视频、喜马拉雅等头部 App 时,即便未进行实名认证或用户未登录,仍可正常浏览推荐视频。尽管这些应用软件均已升级未成年人模式,但此类防沉迷措施以实名认证为基础,而不登录即可使用软件的情况,削弱了实名认证的实效性。由此可见,实名认证作为音视频应用软件治理的基础,对生产者、使用者(含儿童)具有重要的约束作用,现有漏洞仍需及时修补,以提升对儿童的保护效能。

三、隐私和个人信息保护

研究发现,音视频应用软件均对儿童个人信息的收集和使用、共享转让、公开披露等规则作出了明确规定。例如,爱奇艺在《爱奇艺儿童个人信息保护规则》中明确承诺,除特定情形外,不会与任何第三方共享儿童信息,仅共享必要的个人信息,并对共享活动事先开展个人信息保护影响评估,采取有效技术保护措施。抖音在《儿童/青少年使用须知》中强调,收集的信息将不会用于商业目的,不会与第三方共享,并承诺在境内储存儿童个人信息,使用高强度加密技术和匿名化处理等手段保障信息安全。哔哩哔哩在《哔哩哔哩未成年人个人信息保护指引》中亦承诺,遵循正当、合法、必要原则收集和使用儿童个人信息。喜马拉雅在《喜马拉雅平台儿童隐私保护指引》中承诺将"始终遵循最小够用的授权原则,采取相应技术措施,以尽可能避免儿童个人信息被违法复制、下载"。然而,部分应用软件如小红书在儿童个人信息保护方面尚存在不足,需进一步完善相关通知机制。

四、防沉迷(综合)管理

各音视频应用软件在防沉迷管理方面普遍采取了时间限制措施,如默认每日使用时长不超过40分钟,22时至次日6时无法使用。同时,这些软件在未成年人模式开启前均需设置密码,确保模式开启后无法随意退出。此外,消费管理也是防沉迷策略的重要组成部分。应用软件在未成年人模式下均取消了购物功能,抖音还设立了"未成年人退款"模块。总体而言,六款应用软件在防沉迷管理方面均按国家统一要求,对使用时间和功能进行了限制。其中,爱奇艺启用未成年人模式后会自动开启时间锁:未满16周岁的用户单日使用时长不超过1小时,16周岁以上、未满18周岁的用户不超过2小时。在主要视频应用中,爱奇艺的每日使用时间相对较长。

五、应急、投诉和举报机制

考察的头部应用软件均建立了"青少年权益保护中心"或提供了反馈举报通道,它们在应急响应、投诉举报机制中发挥了重要作用。具体而言,应用软件通过强化举报入口、针对危害青少年的不良内容开设专项举报通道、加大对不良信息的惩处力度等措施,确保举报流程的快速高效。同时,对于严重违规的稿件及其上传者,一律执行永久封禁等严厉处罚措施,以维护未成年人的合法权益。

在数字化浪潮奔涌的时代,儿童网络保护已成为一场没有终点的"马拉松"。技术的日新月异与媒介产品的迭代创新不断重塑着网络空间的形态,这使得保障儿童网络安全、促进其健康成长的挑战日趋复杂化、多元化。要构建真正清朗、安全的儿童网络环境,绝非朝夕之功,而是一项需要多方协同的系统工程:互联网企业必须切实履行主体责任,政府部门需要实施精准监管,社会各界应当形成合力,而家长群体更需筑牢家庭防护的第一道屏障。

第二节 未成年人模式的现状与优化

未成年人模式(前身为"青少年模式"),是由国家互联网信息办公室于2019年3月牵头,在主要短视频和直播平台试点推出的青少年防沉迷系统,该系统通

第六章　未成年人模式在儿童家庭媒介实践中的应用

过限制使用时段、时长、功能及浏览内容来规范未成年人的网络使用行为。早期版本存在过度依赖技术手段、忽视使用场景的问题,仅采用简单年龄认证机制,缺乏内容分级和实时行为监测功能。随着《移动互联网未成年人模式建设指南》的出台,该系统升级为"未成年人模式",建立了移动智能终端、应用程序和应用程序分发平台的三方联动机制,要求实现接口对接、数据共享、防沉迷提醒和家长监管等功能,从而有效弥补了原有系统的功能漏洞,显著提升了防护效能。

一、短视频应用软件未成年人模式的设置

以抖音为代表的短视频应用软件,在科学知识、文化艺术、运动体育等多个领域,为儿童提供了丰富的内容支持,成为他们获取新知、领略美学氛围、提高综合素质的重要工具。然而,尽管短视频为儿童带来了多样化的信息,我们也不能忽视其潜在的负面影响。在享受短视频带来的便利和乐趣的同时,也应该引导儿童健康、理性地对待和使用这一互联网新工具。

调查显示,小学生观看短视频使用最多的应用软件是抖音,占比为60.03%;其次是快手,占比为38.05%;第三为小红书,占比为32.10%。不同年级的小学生对短视频应用软件的偏好存在明显差异:一年级学生中使用抖音观看短视频的占比最高,为39.90%,其余各年级使用抖音的占比接近;一年级学生中使用哔哩哔哩的占比为6.46%,远低于其他年级。在性别分布上,除女生使用小红书的占比比男生高4.26%外,其余应用软件男女选择差异不大。从使用设备来看,69.35%的学生使用手机观看短视频,使用平板、电脑、智能电视的占比分别为47.40%、20.82%、21.91%[①]。

各短视频应用软件在未成年人模式上展现出了共性与个性并存的特点。共性方面,它们普遍对未成年人的使用时长、观看内容及使用功能进行了严格限制。例如,大多数应用软件(如抖音、快手、小红书、哔哩哔哩等)默认每日使用时长为40分钟以内,且22时至次日6时期间无法使用;观看内容主要聚焦于教育、知识类内容,置于首页显著位置;同时,关闭了打赏、直播等可能引导未成年人产生不良行为的功能。而在个性方面,各应用软件根据自身特色进行了定制化设置。

---

① 张冀,崔茗婷,2024.小学生短视频黏性现状调研与防范机制探析[M]//林小勇.中国未来媒体研究报告(2024).北京:社会科学文献出版社.

1. 抖音

抖音的未成年人模式包括"未成年人模式"和"未成年人退款"两个部分。2024年12月10日,抖音发布《2024抖音未成年人网络保护社会责任报告》(简称《报告》)。《报告》显示,2024年5月,中国社会科学院新闻与传播研究所对未成年人常用的12个应用软件的防沉迷系统展开测评,其中抖音的保护效果位居首位。针对危害未成年人的风险行为,抖音建立了事前拦截机制:用户开启未成年人模式后,将无法进行充值、打赏消费和提现操作;当系统识别到疑似未成年用户进行直播打赏消费时,会弹出提醒窗口,要求进行人脸验证。鉴于目前有不少儿童拥有独立上网设备,抖音未成年人模式正探索与手机终端的联动机制,即把手机终端作为未成年人模式的统一管控入口——家长在手机终端完成统一设置后,多应用联动生效。

相对于其他应用软件,升级后的抖音"未成年人模式"在协助家长干预儿童媒介使用方面提供了更为精准有效的技术支持。该模式支持家长设置儿童年龄,并通过"内容偏好调节"为孩子定制个性化内容。抖音官方已对内容进行初次筛选把关,家长可在未成年人模式中自主设定推荐视频的主题与推荐强度,完成二次筛选,从而更有针对性地为干预策略提供技术辅助。

为了满足青少年日益增长的高质量内容需求,抖音通过推出青少年科普创作计划等策略,持续丰富内容供给。其内容推荐策略为根据未成年人的年龄和兴趣,推荐包括语言学习、国学诗词、安全教育、才艺体育、传统文化、绘本故事等多样化的内容。进入未成年人模式后,用户除了能看到推荐页内容,还可访问21个子频道——科普中国、动物世界、手工、科学探秘、精选动画、十万好奇、走进太空、国学文化、文学艺术、绘画、安全守护、体育运动、才艺、美食、益智玩具、萌宠、环游世界、放映厅、云逛馆、院士说、科学实验。视频内容的主题更丰富,质量更优,交互性更好。

2. 快手

快手是当下小学生使用频次第二高的应用软件。但与抖音一样,快手并未设置严格的实名制——用户进入快手后,无须登录即可浏览内容,导致内容较为混杂。快手的未成年人模式模块包含未成年人模式、护苗在行动、未成年人退款、未成年人相关举报、客服中心等功能。

在交互性方面,快手未成年人模式支持用户选择未成年人年龄,除主页推荐内容外,还设有优选、动物、体育、才艺、音乐、旅游、语言学习、教育、舞蹈、美食、生活、科学、摄影、历史 14 个子频道。但在具体实践中发现,部分栏目的内容区分度不足。例如,"中国国家地理"帐号关于在华南沿海地区考察仙人掌的视频和新华社的相关内容被归入生活版块,"无穷小亮的科普日常"帐号内容被归入科学版块,而"中国国家地理景观""中国科技馆"的帐号内容则被归入历史版块。

3. 小红书

小红书启用未成年人模式后,用户无法进行打赏、充值等操作。小红书声明称,已优先对主场景进行优化:将首页调整为仅保留发现页,精选教育类、知识类内容呈现,关闭热门和消息频道,并禁用购物功能。其优势在于禁止用户退出未成年人模式,确保未成年人始终在受保护的环境中浏览内容。然而,其未成年人模式的内容主要由系统推荐,发现页的内容推送尚未体现明显的类别区分,整体内容较为混杂——游戏、手工、教育、美妆、玩具等内容同时出现在首页。此外,用户无法自主设置未成年人的年龄和内容偏好。

4. 哔哩哔哩

哔哩哔哩的未成年人守护体系由未成年人模式、亲子平台和课堂模式三部分构成。

未成年人模式会自动开启时间锁,且无法进行充值、打赏等操作。该模式下设推荐、动画和影视三个子频道,并提供搜索功能。其中,"推荐"频道的内容较为混杂。

亲子平台支持通过手机远程管理孩子账号的未成年人模式开关,帮助孩子养成健康上网习惯;同时也可设置时间锁,远程管控孩子使用 App 的时长。

课堂模式是哔哩哔哩的特色功能,平台为用户提供精选优质视频内容,且同样无法进行充值、打赏等操作。在内容推荐上,课堂模式侧重艺术、美食、动物、人文等领域,为未成年人提供多元化的学习体验。此外,课堂模式还提供在线直播课程,并设置退出验证机制,以确保学习过程的连贯性。该模式虽允许查看、播放历史记录和收藏的视频,却无法实现内容管控。相对而言,未成年人模式的社交功能更简单,且不支持访问历史记录等信息。

5. 爱奇艺

爱奇艺在未成年人守护中心中支持设置儿童的年龄和性别信息,并提供了未成年人反馈专线 400 电话。未成年人模式的首页不仅展示动画片,还推荐了抗战剧集和纪录片,并增设了搜索功能。其分类策略主要基于排列顺序(综合、最热、最新)、视频类型(如冒险、救援、汽车等)、适应观看年龄段(0~3 岁、4~6

岁等)及生产年份等因素进行细分,为未成年人用户提供适配内容。该分类功能便于用户高效选取感兴趣的内容。

二、短视频应用软件存在的问题

上述应用软件均通过未成年人模式辅助家长开展媒介干预实践。其中,哔哩哔哩支持绑定孩子账号实现远程管理,为家长提供了更多便利。尽管各应用软件推出的未成年人模式在净化网络环境、预防未成年人沉迷等方面发挥了积极作用,但在实际操作中仍暴露出不少问题。

1. 未成年人模式开启流程烦琐

早期"青少年模式"的普及率令人担忧。《青少年蓝皮书:中国未成年人互联网运用报告(2023)》指出,85.9%的未成年人和91.6%的家长知晓"青少年模式",但设置过该模式的未成年人和家长不足五成;四成家长认为"青少年模式"效果不够显著,不少家长更觉得其作用有限甚至根本无效。目前,应用软件对未成年人的身份识别仍主要依赖用户主动设置独立密码并开启模式,这种依赖用户自觉性的识别机制存在明显局限性。

在《移动互联网未成年人模式建设指南》的推动下,部分软件在用户每日首次启动时会强制弹窗,提示是否进入未成年人模式,这极大提升了用户对该模式的关注度。然而,由于各应用软件界面设计存在差异,未成年人模式的开启按钮位置并不统一。

当前,未成年人模式的开启按键大多位于二级菜单中。例如,抖音将其设置在用户个人资料页右上角的功能展开页面,快手则将其放在首页左上角的展开页面。但也有部分软件将按钮深藏于三级菜单,如西瓜视频的未成年人模式选项,需在"我的"页面下滑菜单中找到最后一个"设置"选项才能开启。这种开启按钮位置不统一、设置页面不标准的情况,无疑增加了家长的操作难度。

2. 身份识别机制存在漏洞

用户只需点击弹窗即可自主选择是否开启未成年人模式,这无疑为部分未成年人提供了可乘之机。他们可通过手机号码验证等方式轻易修改独立密码,甚至通过卸载重装来绕过未成年人模式的限制。即便开启了未成年人模式,许多App仍可通过手机验证码或密码轻易关闭,破解难度极低。《直播与短视频行业未成年人网络保护白皮书(2023)》显示,不少未成年人尝试通过各种方式破解未成年人模式,绕过上网限制。其中,有55%的受访未成年人表示曾成功破解该模式,主要手段包括给自己的账号登记成年人信息、输入家长密码、卸载重装等。网络上甚至出现了提供破解未成年人模式的付费服务。在实际使用中,即使在禁用时间段,仍可通过输入密码延长使用时间。

2023年10月,天津市滨海新区人民法院审理了一起与未成年人模式相关的不正当竞争案件。该案中,被告北京某运营App公然将未成年人模式关闭作为"会员尊享功能",为用户提供绕过监管的途径,最终被判罚300万元。这一判决不仅是对违法行为的严惩,更是对应用软件行业的一次深刻警示。

3. 内容池质量参差不齐

目前,仍有部分应用软件未在未成年人模式中建立专属的内容池,部分平台在开启未成年人模式后仍存在不适宜青少年接触的内容,家长作为控制人没有筛选的权限。有的应用软件即便设有专属内容池,其推送内容的质量也普遍不高。在首次推送界面中,动画片、知识性内容、娱乐性内容及新闻资讯等混杂出现,内容同质化严重。

在内容监管方面,建立内容池虽为未成年人模式的核心要求,但这一举措不仅需要应用软件经营方投入大量成本,且其回报率通常低于其他商业行为,导致应用软件在内容池建设上动力不足。同时,为规避责任,许多短视频软件在筛选内容时采取"一刀切"方式,致使未成年人模式中可观看内容大幅减少且单一枯燥,无法满足不同年龄段未成年人的需求。另一些平台则存在审核疏漏,在未成年人模式下仍能搜索到不适宜内容。这表明部分平台在内容池建设上流于形式,尚未真正构建起符合未成年人成长需求的内容体系。

4. 内容分级不够精细且低龄化现象普遍

当前部分应用软件支持未成年人年龄分级设置,从而提升了内容推送的精准度。而未提供年龄分级功能的软件,在内容推荐上容易出现低龄化倾向。以抖音和西瓜视频为例,二者虽设有细致的年龄分级机制,但实际推送内容仍主要面向低龄用户。快手未成年人模式的推荐内容针对性则有待加强——为17岁用户推荐的教育频道中,既有高中英语,也有汉语拼音,主题明显混杂。这种内容分级不精细与低龄化问题,导致未成年人模式难以满足初、高中生的需求,可能使他们对该模式失去兴趣,进而抵制或规避使用。

应用软件早期开发的青少年模式大多未开启检索功能,导致部分优质教育内容沉于内容池底部,一些高水准但知名度较低的科普账号在流量算法机制下难以获得关注,这极大地限制了未成年人获取丰富信息与学习资源的机会。同

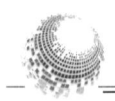

时,某些具有艺术价值或文化内涵的内容可能因被误判为"不适宜"而遭到过滤,这可能会影响未成年人对多元文化与艺术形式的理解及欣赏能力。

受到利益驱动,部分短视频软件在构建未成年人模式时,通过打"擦边球"来博取关注。为追求更高的用户活跃度与直播打赏收入,这些平台往往只看重流量,却忽视了自身应承担的社会责任。尽管严格实施未成年人模式会对软件的用户活跃数和直播打赏金额产生一定影响,但作为社会企业,履行这一社会责任是其必须承担的义务。只有真正保护未成年人的合法权益,为他们营造健康积极的网络环境,推动社会正向发展,软件才能获得用户的信任与支持,实现真正的可持续发展。

此外,短视频软件自身的内容监管体制也亟待完善。当前的审核机制主要包括"先审后发""先发后审"及"人机联动"三种模式。以快手为代表的短视频软件仍采用"先 AI 机审,再人工审核"的方式,通过人机联动模式对平台内容和直播内容进行审核。虽然机器审核采用了先进的人工智能技术,具备高效、低成本的优势,但其运作仍依赖现有数据进行学习判断,难以像人工审核那样捕捉到某些隐含或具有深层意义的内容。

三、音频平台未成年人模式的设计与使用

1. 儿童音频媒介的使用概况

《2023国民收听趋势白皮书》显示,音频已成为国内不同年龄层和地区人群广泛使用的媒介形式。相较于其他媒介用户,音频用户的使用需求更侧重于知识学习、阅读体验和互动交流,同时也包含娱乐休闲方面的需求。调研数据表明,超过五成的家长用户会每日为子女播放儿童音频内容,超过七成的家长用户则会在睡前为子女播放相关儿童内容。对于需要"哄娃"的用户而言,儿童故事、国学启蒙、知识学习等音频内容已成为其日常生活中不可或缺的部分。优质的音频内容同样能够为儿童提供富有教育意义的信息。

在音频媒介领域,长期稳定的音频平台如喜马拉雅、蜻蜓FM,以及近年来崭露头角的猫耳FM、小宇宙等,均已积极面向儿童这一消费群体,将早教、科普、动画、广播剧等音频资源纳入其平台。儿童正逐步成为音频平台的重要用户群体之一。鉴于喜马拉雅的市场份额与影响力,笔者将其作为典型案例进行了调查与分析。

喜马拉雅自2013年上线以来,凭借其丰富的音频内容,如有声书、广播剧、

原创播客等,迅速在国内音频市场占据重要地位。该应用不仅拥有大量的非原创内容,如有声书、相声评书等,还积极鼓励用户生成内容,通过多元化的赛道和创作激励模式推动商业化进程。近年来,该应用逐渐加大了对知识播客、生活杂谈等原创内容的扶持力度。国学早教书籍、平台官方周边等产品的线下落地,也为软件的商业化发展注入了新的活力。喜马拉雅针对儿童用户推出了喜马拉雅儿童版应用,同时在普通版中保留了未成年人模式,满足了不同年龄层用户的需求。

截至2024年4月15日,根据喜马拉雅公司公开的统计数据,喜马拉雅未成年人模式的家长用户总数达到2000万人。其中,女性用户占据主体,比例高达64%,这一数据反映了当前社会中女性主要负责育儿活动的普遍现象。从年龄分布来看,31~49岁的人群占据大多数,比例高达78%。此外,白领人群占据较大比例,为62%,且北上广深四大一线城市用户占比达到17%。

总体而言,喜马拉雅未成年人模式的家长用户以一线城市的高学历、高收入中年白领为主。这类用户群体通常享有较高的生活质量,并且对子女的教育有着较高的期望和要求。喜马拉雅作为在音频领域具有显著市场份额的平台,其未成年人模式被广大家长视为儿童教育照护的有效工具。从用户内容兴趣方面分析,调研期间,家长用户订阅的专辑中,外语课程和儿歌童话类内容占据显著位置,这进一步证明了未成年人模式在儿童教育中的积极作用。

2. 喜马拉雅未成年人模式的发展与内容构架

2018年,遵循国家相关法律政策,喜马拉雅正式启动了未成年人模式。在初始阶段,该模式主要聚焦于内容防控,以确保未成年用户所收听的内容质量。至2019年,此模式进行了逐步更新,新增了屏蔽广告和电子书等功能。2020年,其未成年人模式全面取消了点赞、评论、分享、私信、圈子等社交功能,实现了内容、社交、互动的全面防控。

喜马拉雅的未成年人模式位于三级菜单中,在"模式切换"版块与驾驶模式、无障碍模式、长辈模式并列。开启未成年人模式后,用户仅能收听适合未成年人的内容,不能听小说、使用直播功能或消费喜钻。其每日使用时长和时段限制与其他软件一致,所提供的音频内容涵盖了国学历史、儿歌童谣、外语科学等多个领域。此外,音频专辑主要采用专业内容生产模式,即专业机构生产的音频内容占据主流地位,这进一步确保了喜马拉雅未成年人模式所推送的内容质量。

喜马拉雅未成年人模式不支持会员功能,也未提供搜索功能。在分区设计

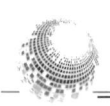

上,主要依据年龄段和性别推送差异化音频内容。其年龄分段为0～3岁、3～6岁、6～9岁、9～12岁及12岁以上。从年龄分组可见,该模式更侧重低龄儿童的使用需求。用户进入软件后,可以直接选择符合自己需求的音频内容。同时,该模式还根据地区设置了多个推送榜单,方便用户快速找到当地的热门音频。在"查看全部"页面中,用户还可以从付费类型、性别等多个维度进行更精细化的选择。

在功能开发上,由于未成年人模式普遍存在的限制,喜马拉雅的未成年人模式没有设置互动(点赞、转发、评论、关注)、搜索等功能。这使得用户只能将其作为收听音频的工具,而无法进行更多的互动和反馈。然而,这一功能设计在一定程度上影响了用户的使用体验和感知能力。因此,在后续的优化过程中,应充分考虑用户的实际需求和反馈意见,对该模式的功能进行进一步的完善和优化。

四、音频平台未成年人模式的用户需求与功能优化

虽然设立未成年人模式的初衷在于家长设定密码、让孩子自主使用,但实际应用中,家长往往成为这一模式的主要操作者,它成为家长为子女精心挑选收听内容的得力助手。

在儿童获取网络信息的多元渠道中,政府监管、平台管理、内容生产、用户选择等多个环节相互交织。而在家庭环境中,家长作为教育子女的责任人,自然成为信息过滤的首要环节。他们通过未成年人模式这一功能,精心筛选和管理子女可收听的内容及社交媒体功能。因此,在实际生活中,未成年人模式更多地被赋予了家长育儿辅助工具的角色。

为了更深入地理解用户需求和使用动机,研究团队基于喜马拉雅的用户画像,挑选了5位用户进行了深度访谈。

在家长用户的需求中,家长用户普遍希望能够对音频质量进行反馈或与主播沟通交流。然而,由于评论功能的关闭,用户的反馈渠道主要依赖于平台客服,这在很大程度上限制了用户的监督权,降低了获得感。同时,平台审查机制的完善仍需依赖用户监督和不断更新,因此,喜马拉雅在未成年人模式的功能方面仍有待加强。

其次,用户无法将站内音频直接分享到站外。从用户角度来看,这大大降低了他们在平台内的参与感和产生情感共鸣的可能性;从平台角度来看,这也直接阻断了新用户和外部传播渠道的有效通道,从而影响了优质音频的传播效果。因此,在用户赋权方面,喜马拉雅仍有待进一步优化。

未成年人模式提供的区域榜单,是喜马拉雅未成年人模式的一大亮点。它基于对用户数据的广泛收集与分析,形成专属用户画像,进而实现城市或地区的精准化音频推送。这种推送方式不仅降低了用户的使用成本,还最大程度地实现了个性化服务。因此,定位功能成为满足家长和孩子多元化、个性化需求的有力工具之一。

作为以声音为主要传播媒介的软件,喜马拉雅近年来在正常模式中逐步增加了视频内容。不过,对于未成年人模式是否也应开放视频内容,家长用户的看法并不一致。目前,喜马拉雅提供的线下纸质绘本、科普书籍等逐渐受到家长用户的青睐,从而以另一种方式满足了用户对周边产品的需求。

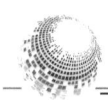

数字时代的儿童家庭媒介教育

第七章 面向未来的儿童家庭媒介教育

第一节 构建新型家庭媒介教育环境

一、家庭媒介教育的未来趋势

2024年7月,中央网信办在全国范围内部署开展为期两个月的"清朗·2024年暑期未成年人网络环境整治"专项行动。专项行动重点整治了短视频暴力引流、电商平台无底线营销、儿童设备诱导消费等六大乱象。一个深层命题愈发清晰:数字时代的儿童保护,正从"堵漏洞"转向"建生态"。而在这场生态重构中,家庭媒介教育的角色从"辅助者"升维为"核心引擎",其未来趋势既需回应技术狂飙带来的挑战,更需锚定人的全面发展。

清朗专项行动的持续开展,彰显了国家净化儿童网络空间的决心,但政策监管终有边界。家庭媒介教育的终极使命,是在算法与流量主导的时代,守护儿童作为"人"的完整性——这既需智能工具筑起"防护堤",更需代际共学培育"指南针",最终让技术回归其本质。

数字媒介在儿童的成长和学习中发挥着重要的作用。通过提供丰富的学习资源、增强互动性、个性化学习体验、培养自主学习能力、促进创造力和想象力的发展、促进社交技能的发展以及培育媒介素养,数字媒介为儿童的全面发展提供了强有力的支持。然而,家长和教育者也需要引导儿童合理使用数字媒介,避免过度依赖和可能带来的负面影响,确保数字媒介在儿童成长和学习中发挥积极作用。

未来的家庭媒介教育将与智能技术深度融合,构建动态防御体系,在此加速推进的历史性进程中,儿童媒介实践的机遇与风险并存。父母作为"把关人",承担着儿童媒介实践中的管理和引导责任,一方面通过不同的干预策略对儿童的媒介使用行为进行直接管控,另一方面通过自身的认知、态度、行为对儿童产生潜移默化的影响。因此,父母的媒介素养在媒介使用、媒介认知、媒介参与维度上都与父母干预行为息息相关,并对儿童媒介使用能力产生影响。

新时代的父母应承认儿童在媒介使用方面的"反哺能力",构建代际互学的平等场景。在此过程中,父母从"监管者"蜕变为"协作者",其核心任务不再是切断网络连接,而是帮助孩子建立数字世界的意义坐标系。当前媒介教育常陷入技术迷恋与功利主义误区:父母过度依赖"未成年人模式"的强制锁屏功能,却忽视孩子的情感需求。当父母放下"管控焦虑",以学习者的姿态与孩子共赴数字远征,家庭教育便能真正成为数字文明时代的灯塔。

二、制定使用规则,构建新型家庭媒介教育环境

1. 不要过早地让孩子使用数字媒介

有研究者建议,对于三岁以下的儿童来说,应使其在发现数字媒介之前先用自身所有的感官去体验现实世界。幼儿需要全面的体验,例如和家人一起玩耍、探索自然和参与体育运动。如果父母过早地让孩子接触数字媒介,那么这些体验就可能被忽视,儿童就会被媒介世界淹没。两岁以下的儿童正处于认知、语言、感觉、运动和社交情感技能发展的关键阶段,他们需要在现实生活中进行探索,并与成年人进行社交互动,这对于儿童有效地从数字媒介中学习至关重要(Qaiser,2020)。加拿大儿科学会也认为,过早接触数字媒介可能导致儿童在以后的生活中沉迷于此。

美国儿科学会针对不同年龄段儿童的数字媒介使用时间提出了建议:对于18个月以下的儿童,除了视频聊天外,不要使用数字媒介;对于18~24个月的儿童,父母可以选择高质量的教育节目,并与孩子一起观看,以帮助他们理解所观看的内容;对于二至五岁的儿童,应将每天的屏幕使用时间限制在一小时以内,并且选择高质量的教育内容;对于六岁及以上的儿童,父母应设置合理的屏幕时间限制,并确保屏幕时间不会影响充足的睡眠、体育活动及其他对儿童健康和发展有益的活动。

各国的研究与家庭教育指南都强调了父母在孩子媒介使用中的角色,包括共同参与和监督,以确保媒介使用是安全、有教育意义且适度的。这些指南虽然获得了诸多家长的认同,但在具体操作层面,家长对孩子使用媒介的担忧与实际使用情况之间存在明显的矛盾。尽管大多数家长认识到过度使用媒介可能对孩子的健康、学业和心理健康产生负面影响,但他们往往难以有效管理孩子的媒介使用时间。许多家长虽然制定了规则,但往往难以坚持执行,导致孩子的媒介使用时间超出预期。此外,一些家长在工作和社交活动中也频繁使用媒介设备,这

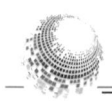

使得他们难以为孩子树立良好的榜样,并进一步加剧了管理上的矛盾。

这种矛盾还体现在家长对孩子媒介使用时间的不同看法上。一些家长认为,适当地使用媒介,如观看教育视频或参与在线课程,可以拓展孩子的知识面。然而,另一些家长则更倾向于限制媒介使用时间,以避免孩子沉迷于游戏或社交媒体。

总之,家长对孩子媒介使用时间的担忧与实际使用情况之间的矛盾反映了他们在管理孩子屏幕时间时面临的复杂挑战。为了实现健康的数字生活,家长需要找到有效的策略来实现平衡,并通过与孩子进行开放的对话来共同制定合理的规则。

2. 制定规则:公平开展媒介实践

沉默的"共视"、双标的规则、一味地限制……对媒介缺乏全面认知的父母会忽视儿童媒介实践活动或对其持消极态度。家庭是儿童和父母开展媒介实践的重要场所,双方应一起制定媒介使用规则,打造良好的媒介使用氛围,以充分应对网络世界的风险和机遇。

首先,亲子共同制定使用规则。对于父母的管控行为,儿童认为"规则由双方共同制定"和"父母说话算话"才合理(陈青文,2019)。父母的媒介素养会对儿童的媒介使用能力产生显著影响,其中通过"惯习"的方式,父母自身的媒介使用行为会被儿童看在眼里并学习模仿。这就要求父母在家庭媒介实践中应杜绝专制、双标的教养方式,与儿童共同制定媒介使用规则,并于双方认同的基础上加以实施。在成人和儿童行为规范不同之处,要积极沟通,解释行为背后的担忧及成因,例如一次媒介使用时间不得超过30分钟,否则很有可能损伤视力。

父母也要避免不遵守约定的行为,例如还没到约定时间就打断孩子的媒介使用过程,因为这会影响规定的约束作用和父母的公信力,甚至影响亲子和谐关系。如前文所述,媒介素养会以代际传承的方式体现在儿童身上,父母应当首先合理、有节制地使用媒介,才能潜移默化地引导儿童规范自身行为。

其次,亲子共同参与媒介实践活动。要真正构建健康平等的家庭媒介生态,关键在于以"规则共建"为核心,推动儿童与父母成为公平协作的实践共同体——这不仅是对儿童主体性的尊重,更是应对网络风险与机遇的底层逻辑。家庭不仅是儿童上网的首要场所,也是家长上网的重要地点。父母可以与儿童共同参与媒介活动,例如一起学习在线课程,以增大知识储备、开阔眼界;或者共同欣赏优秀影视作品,以提高认知能力,陶冶审美情操。这一过程有助于促进亲子互动与情感联结,同时培养儿童的媒介素养与网络安全意识,帮助孩子建立批判性思维,避免接触不良信息。

3. 优化策略:打好干预"组合拳"

研究发现,不同干预策略对儿童媒介使用能力的影响各异,其中共同使用策略和积极型干预策略对媒介使用呈现显著正向影响。但儿童的社会化过程是长期、动态发展的,父母要结合具体情境实施不同的干预策略,以发挥最优干预作用,充分培养儿童的媒介使用能力。

正如前文所述,共同使用策略提供了亲子交流的契机,使父母能及时掌握儿童动态并在需要时予以引导和辅助,但只"共视"不沟通容易演变为对不良信息和行为的"沉默认可",不利于儿童的健康成长。积极型干预策略能够加强亲子沟通深度,但它对父母的媒介素养有较高要求,同时需要父母花费较多的时间和精力。

限制型干预策略从电视时代延伸至今,由对儿童观看时长进行限制的传统干预方式,演变为采用技术限制、监控等多种方式的新型干预策略。虽然此种策略对儿童媒介使用能力存在负向影响,减少了儿童媒介使用和参与的机会,但不可否认的是,"限制"确实是一种常见且有效的父母管控手段。例如,对儿童的媒介使用时间和观看的内容进行管控,可降低儿童的网络试错风险,包括接触不良信息、遭遇网络霸凌和隐私泄露等。

但与此同时,一味地限制在保护儿童远离负面风险侵害的同时,也阻隔了媒介带来的正向机遇,压缩了儿童的成长空间。首先,限制儿童接触媒介不利于其批判性思维的培养,以及自主辨别媒介信息真伪能力的锻炼。其次,过分干预儿童的媒介使用方式,可能会使儿童产生叛逆心理和抗拒行为,不利于儿童健康成长及家庭和谐。此外,伴随着"监控"这一限制手段的出现,通过技术手段对儿童上网内容、使用时间等方面进行监察,还有可能涉及对儿童隐私权的侵犯问题。

综上所述,由单一的干预策略转变为多措并举的复合型指导策略,能够有效适配儿童媒介使用的不同用途和场景。家长应该辩证地看待不同干预策略的效果,结合具体情况,选择健康科学的方式,将具有限制性、指导性和陪伴性的多种方法相结合,提高对儿童媒介使用行为的干预性,助力儿童媒介素养教育的系统工程。因此,未来关于父母干预策略及对儿童媒介使用的相关研究,不仅要了解不同干预策略的优势与劣势,更要了解不同干预策略在什么场景中发挥怎样的效果。

4. 科学合理干预——共同使用,减小"参与差距"

在数字文明深度重构家庭生活的今天,媒介素养教育正经历从"防御性保

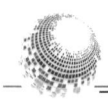

护"到"赋能型参与"的范式跃迁。当学者呼吁超越保护主义、以注重媒介参与的视角激活儿童的创造者身份时,一种新型家庭媒介实践图景逐渐清晰。有学者指出,数字时代的儿童在建构家庭沟通模式上具有"能动性",并非完全依托于家长的保护或规范意志,有必要跳脱传统的视角,尝试构建以儿童为中心的父母干预运作模式(张煜麟,2015)。当父母协助孩子在喜马拉雅开设"读书主播"账号,从选题策划到音频剪辑全程协作,媒介素养教育便从"防沉迷"的消极防御,升维为"共创造"的积极赋能。这种转变直指参与式文化的内核——真正的媒介素养,诞生于成为生产者而非消费者的过程中。

要弥合参与差距,必须正视家庭中悄然发生的权力流变。"数字原住民"对技术的天然亲近性,使其在家庭媒介实践中展现出惊人的"反哺能力"。《青少年蓝皮书:中国未成年人互联网运用报告(2022)》显示,孩子教家长上网的比例高于家长教孩子上网的比例,其中"有时会教"和"经常会教"分别占比55.2%、33.1%,二者之和接近90%。这表明未成年人在学习掌握媒介技能方面具有显著优势。这种反哺不是简单的角色倒置,而是构建代际共生的新平衡——父母从"监管者"转型为"协作者",儿童从"被保护者"升级为"能力贡献者"。科学合理的共同使用机制能够弥合代际数字参与差距,让家庭成为培育数字公民的共生土壤。

第二节 创建政府、互联网企业、家庭多方协同的育人模式

媒介素养作为一种新兴的文化资本形式,以潜移默化的方式在代际间传承,并受到经济资本等其他社会结构因素的影响,最终实现社会阶层的复制和再生产。因此,在固有的社会结构中,儿童媒介素养的形成和培养,是一个需要多主体参与和共建的系统工程,不仅需要家长的科学干预,还受到整个网络乃至社会环境的影响。应该建立起政府、企业、学校、家庭等多元主体参与的新型媒介素养教育系统。

为了更好地提升我国儿童媒介素养,应为父母提供充足的教育资源,从而使其提高认识、增强技能、弥补缺位,唤起他们对家庭媒介素养教育的重视。在数字时代,政府、学校、企事业单位应该共同努力,构建全方位的家庭媒介素养教育支撑系统,从多个维度提供引导和社会帮扶。

一、政府:从"资源供给者"转变为"生态构建者"

虽然学者卜卫在20世纪末就发表了关于媒介教育议题的文章,但我国真正开展媒介教育的实践则是在2010年以后。当前媒介素养教育在开展的时间和力度上都有很大的提升空间,关于父母媒介素养水平提升的议题探讨更亟待加强。要破解这一矛盾,政府必须从"资源供给者"升维为"生态构建者",通过系统性支持唤醒家庭教育的潜能。

首先,打破素养资源的阶层壁垒。面对固有社会经济、文化等不平衡差距,要形成由政府主导,家庭、学校、社会全面参与的战略格局,对发展落后的地区加大媒介素养教育的扶持力度,充分完善一体化教育体系,优化现有资源配置,推动全社会数字公民建设平衡共进。

其次,政府可以与教育机构携手合作,借助立法及心理教育的巧妙引导,助力家长深刻理解并准确担当起监护人的职责。以《中华人民共和国未成年人保护法》为例,该法明确指出,家长负有不可推卸的责任与义务,须严防儿童在网络空间中遭受消费陷阱与不良利用。因此,家长们应当积极树立法治观念,坚决抵制任何企图借由未成年子女进行炒作、谋取私利的行为,以守护孩子们的纯真与权益。例如,可建设国家家庭媒介素养教育资源库,整合学界前沿成果与一线教师经验,开发分级课程体系:为低龄儿童家长提供"动画片中的价值观引导"情景剧课程,为青春期孩子的父母定制"社交平台欺凌干预指南"互动沙盒。所有资源标注适龄标签与使用场景,如"睡前共读适用""周末创作实践",并通过教育云平台向全民免费开放。

当前媒介素养教育需要进一步规范各参与主体的责任,政府要在制度上明晰系列标准、底线。2020年修订、2021年生效的《中华人民共和国未成年人保护法》中针对未成年人触网现象增设"网络保护"专章,指出"国家、社会、学校和家庭应当加强未成年人网络素养宣传教育,培养和提高未成年人的网络素养,增强未成年人科学、文明、安全、合理使用网络的意识和能力,保障未成年人在网络空间的合法权益。"但现有法律法规条款较为宏观,仍需基于此设立更具体的司法解释,针对父母、教育机构、互联网企业等不同主体制定更为细化的执行标准。

为了打造更为丰富的内容生态,互联网企业需要拓展未成年人模式的内容池,并全面优化内容的审核、分级及推送机制。据本研究团队对目前我国部分头部视频网站的观察,部分网站仍然笼统地把戏谑搞笑的动画短视频放在未成年

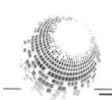

人模式之中。这些短视频充斥着时下成人社会的网络流行语及黑色幽默。鬼畜短视频、游戏讲解短视频在未成年人模式中依然随处可见,视频节目的分类标准相当混乱。

多年前出现的"毒动画"借助儿童动画的包装,将传统动画题材改编成充斥着血腥暴力情节的内容,并隐藏在儿童栏目之中。如果父母未能陪伴观看,很难发现。因此,在内容管控方面,有必要通过升级分类标准、细化分级机制的方式,按照适宜观看年龄段对媒介内容进行细分。政府、教育机构和企业应该尽快就儿童类节目的分级分类标准达成更明确的共识并进行动态管理。为了确保内容管理的统一性和高效性,国家及相关行业可以出台一套明确的、可执行的筛选标准,以便不同平台按统一标准执行内容过滤等操作。如何建立符合我国国情的分级管理制度还需要更多深入的探究和考察。

在加快法治进程时,还要加大宣传教育力度,提高公民思想认知。倡导各单位加强对媒介素养教育、网络安全教育等工作的宣传,同时为父母媒介素养教育提供充足的资源,保证教育的科学性、权威性,大力推动技术的学习及培训工作。

从访谈的结果来看,得益于学校教育、全社会反诈骗教育的提醒,家长们的网络安全意识普遍较强,差异不大。访谈对象 N3-D 先生(合肥,36 岁,儿子四年级)在谈到孩子安全上网的问题时说:"学校好像有这方面的讲座,我听儿子提起过。(我)就怕他跟陌生人聊天,偷偷给游戏充值。"在培育儿童网络安全意识方面,学校教育和家庭教育正在形成合力,形成了一道有力的防护网。

二、互联网企业:完善协同支持体系,为家庭媒介教育提供资源和保障

研究发现,除了在线学习,社交、娱乐也在儿童媒介使用偏好中占有相当的份额。媒介展现的世界精彩纷呈,同时也掺杂了良莠不齐的内容,一些暴力、低俗的网络游戏或音视频内容会对儿童的身心健康、价值取向等方面造成不利影响,炫富等传递享乐主义的话题也会消磨他们踏实进取的斗志。由于移动设备的便捷性和网络信息的复杂性,父母干预策略的实施难以完全隔绝儿童媒介实践中的潜在风险,这一方面要求父母注重培养儿童自主思辨能力,另一方面需要互联网企业不断改进针对未成年人媒介使用的管理方式,打造清朗网络空间,帮助父母有效管控儿童媒介使用行为。

2022 年,国家互联网信息办公室部署开展"清朗"系列专项行动,旨在维护广大网民合法权益,促进网络平台平稳发展,建设美好精神家园。近年来,《中国互

联网行业自律公约》等行业规范相继推出,相关组织不断跟进和细化执行标准,对肃清不良网络信息、维护公民上网秩序、创建清朗在线空间起到一定积极作用。各互联网企业目前主要通过前置的过滤技术来隔绝有害信息的影响,包括关键词过滤、图像过滤、访问权限控制等手段,同时开放后台监管、举报渠道,鼓励用户之间自纠自查,从而展开针对性管控,例如微博、微信等平台已经运行类似机制。但前置过滤方式过于简单直接,而后续监管模式又要求使用者自身具备相当的媒介素养,网络平台信息管理方式仍有很大的改进空间。

在管理方式方面,"一刀切"的管理模式在日常媒介使用情境中适用性低。访谈对象N7-由女士(渭南,45岁,女儿四年级)表示:"我会在平板电脑上对可使用的软件和使用时间进行设置,但孩子有时会偷偷在微信上看小红书的小程序,这个我没法限制"。为达到媒介使用管控与自由的平衡,需要深入了解儿童的使用动机、行为及父母干预策略,不断更新行业管理标准,推行更具实效的管理举措。

互联网企业要不断优化未成年人模式,进一步提高该模式的网络安全性能;在交互设计中采用更灵活的内容定制功能,方便家长优先点播或者屏蔽相关节目,从而实现个性化的把关和筛选。媒介设备的产品设计中也需要配备时间管理和内容管理的相关功能,协助家长进行有效的约束。

互联网企业应辅助家长群体,使其学会使用监控和筛选功能。例如,利用企业自身的平台渠道推送家长课堂,介绍未成年人模式的使用技巧,降低技术门槛,减少家长的学习成本,真正落实企业的社会责任。

为了更加全面和深入地完善未成年人模式,确保儿童在互联网生态中享受到风清气正的环境,互联网企业和社会组织需要采取一系列更为精细和有力的措施,铸造一个动态升级防护网。2023年发布的《生成式人工智能服务管理暂行办法》提到,人工智能服务提供者应当指导使用者科学理性认识和依法使用生成式人工智能技术,采取有效措施防范未成年人用户过度依赖或者沉迷生成式人工智能服务。人工智能的深度应用催生了高度逼真的深度伪造内容,算法推荐可能将未成年人裹挟进信息茧房,而元宇宙、VR等沉浸式技术则进一步模糊了虚拟与现实的边界。这些创新在拓展认知边界的同时,也可能成为新型风险的温床——隐私泄露路径更隐蔽,网络欺凌形式更残酷,不良信息渗透更精巧。面对技术的"魔高一尺",防护措施必须"道高一丈"。这要求平台必须将安全设计嵌入产品开发全流程,监管体系也必须具备前瞻性和适应性。

在技术层面,企业需持续升级技术防护网,才能有效抵御花样翻新的安全威胁。在身份验证环节,应用软件应运用更智能的年龄验证与内容识别技术(包括但不限于高级人脸识别、指纹识别等),确保儿童用户首次登录时,通过强大的实名认证机制精准识别其身份,从而有效防止儿童利用技术手段绕过访问限制。此外,还需建立快速响应的风险预警与处置机制,及时更新管理规范,将生成式AI等新兴业态纳入覆盖范围。

在内容提供方面,平台需强化行业自律,构建一套更为严格、精细的内容筛选和过滤体系。应不断优化智能算法和内容分类系统,借助大数据分析、模型训练及人工审核等手段,精确识别并过滤掉不适宜儿童观看的内容,为儿童打造一个健康、安全的网络内容环境。

同时,为了主动提供高质量、富有教育意义的内容,平台应组建专业团队,利用先进的技术手段,在充分尊重儿童个性需求的基础上,全面考量内容的适宜性,不断完善儿童专属的内容库。此外,平台还应根据儿童的年龄特点和兴趣偏好,精准推送适龄内容,确保他们能够持续接收到高质量的内容供给。

总之,为解决社会结构固化下父辈媒介素养在代际传承之间留存的差距,还要靠社会各界共同助力。一方面,政府要及时跟进父母媒介素养教育的相关配套政策,完善法律法规,为儿童的健康发展保驾护航;另一方面,互联网平台也要勇于承担互联网环境治理的责任,不断跟进和细化相关行业规范,协同父母在儿童媒介使用中发挥自身的积极示范和管理作用。

三、家庭:无可替代的"数字守门人"

在多重防护体系中,家长的监护与帮助是基石,更是灵魂。媒介的技术限制可能被绕过,学校的教育存在时空局限,唯有家长能提供最贴身、最持续、最具情感温度的引导与保护。调查证实,监护人在小学生使用电子产品时打开家长监控模式对儿童睡眠质量和精神状态有显著改善,对小学生人际交往状态、小学生的户外活动状态都有正向作用[①]。家长的有效介入,包括主动了解孩子使用的媒介、游戏及社交圈,共同制定合理的上网规则(时段、时长、内容边界),在尊重其数字权利的基础上建立信任,能将外在的"防护墙"内化为孩子自主的"免疫力",这是任何技术或政策都难以复制的核心保护层。

---

① 张冀,崔茗婷,2024.小学生短视频黏性现状调研与防范机制探析[M]//林小勇.中国未来媒体研究报告(2024).北京:社会科学文献出版社.

第七章　面向未来的儿童家庭媒介教育

儿童网络保护注定是一场与技术进步赛跑的持久战。法规政策需保持敏锐迭代，平台责任必须压实筑牢，社会教育网络要日益织密。但这一切的效能，最终都需落脚于家庭这个最小单元的执行与内化。唯有当家长真正肩负起"数字守门人"的职责，将监护融入日常的陪伴、沟通与共同成长中，技术防护与内容治理的"硬"措施才能获得"软"着陆的坚实基础。政府、互联网企业、社会与家庭，如同四股拧紧的绳缆，共同发力，方能在动态变化的数字洪流中，为下一代锚定一片真正健康、安全、有益的精神绿洲。守护儿童的网络晴空，没有终点，只有不断前行的责任与担当。

第三节　赋能乡村媒介素养教育

一、数字鸿沟下不容小觑的网络风险

城乡间儿童网络使用发展失衡的问题在"接入沟、使用沟、知识沟"差距增大的背景下愈发明显。《青少年蓝皮书：中国未成年人互联网运用报告（2024）》显示，城乡未成年人对互联网的使用水平均有所提升，但数字鸿沟依然存在。农村未成年人对网络的多元使用不够充分，过度聚焦网络娱乐活动；城乡未成年人普遍缺乏网络素养教育，且家庭影响存在差异。相较农村儿童，城市儿童的首次触网年龄更低；农村儿童利用互联网进行休闲娱乐的比例更高，参与在线学习的频率更低，但使用时间更长。同时，农村家长对网络风险的意识更为薄弱，在子女媒介使用过程中的缺位现象也更为明显。

模仿是儿童学习的重要途径，他们对媒介的认知不只受家长潜移默化的影响，更受来自社会各界海量信息的共同作用。儿童的现实行为深受网络流行文化的感染，网络流行活动、网络热门用语等容易成为未成年集体追捧的对象，如近年来在小学生群体中歌曲《孤勇者》大热就是一个例子。通过模仿，未成年人能不断锻炼思维，强化技能，更好地适应社会，但与此同时，这种网络模仿行为还隐含着不少风险。儿童对良莠不齐的网络信息和行为缺乏充分的辨别能力，随意模仿可能带来不良后果。农村儿童，尤其是农村留守儿童这一特殊群体，由于缺少家长的有效管理和引导，其暴露出的媒介运用问题更加明显：八岁女童模仿《熊出没》情节不幸坠亡、对主播进行巨额打赏……近年来，因儿童对媒介活动认知不足引发的不良事件屡见不鲜，如何保障儿童安全上网的问题亟待解决。

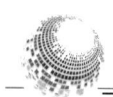

农村儿童的家长大多外出打工,常由祖父母陪伴,这类儿童很难获得必要的帮助和指导。因此,更需要社会各界给予更多关注,提供更全面的教育与保障机制,着力培养农村儿童对媒介的正确认知、增强对媒介信息的批判能力、提升媒介使用技能,助力全社会数字公民教育的蓬勃发展。

二、着力完善农村媒介素养服务体系

我国"十三五"规划纲要明确提出网络强国战略,着眼于提升我国在互联网时代的国际竞争力,这就要求我们必须将儿童媒介素养教育作为国家重点战略任务进行推进。面对城乡儿童媒介素养发展不平衡的问题,应该形成由政府主导,家庭、学校、社会全面参与的战略格局,对农村儿童媒介素养教育的路径进行大胆创新,优化资源配置,推动全社会数字公民建设平衡共进。

2019年,民政部出台《关于进一步健全农村留守儿童和困境儿童关爱服务体系的意见》,提出加强基层儿童工作队伍建设,在村(居)民委员会设立"儿童主任",在乡镇人民政府(街道办事处)设立"儿童督导员",截至2023年底,全国共配备儿童督导员4.3万人,儿童主任58.2万人。该举措有利于实现责任到人,打造儿童工作主力军队伍,弥补城乡儿童触网过程中的数字鸿沟。此外,还可增设面向农村儿童家长的媒介素养培训,强调家庭及监护人在子女媒介素养教育中的责任和重要性,培养家长的媒介使用能力,共同提升家庭成员的媒介素养水平,帮助儿童更好地应对互联网时代的机遇与挑战。

财政投入具有明确的指向作用和切实的帮扶效果,能够有效促进资源合理配置,实现社会发展和治理的平衡。建议财政部门加大对农村儿童媒介素养教育的关注和投入力度。例如,对培育儿童媒介素养的工作队伍、开展培训家长媒介素养的专项工作加大财政经费支持,除了前期召集工作人员、打造培训课程等产生的费用,还增设对长期回访工作及设立跟踪机制的资金支持。同时,对工作突出的工作人员给予表彰和激励;对农村困难家庭的家长进行帮扶,不限于开展媒介素养培训、网络赋能等工作,切实解决群众生活问题,创造亲子共同使用媒介的空间,增加家长发挥积极引导作用的可能性。

此外,还应该积极倡导企业履行社会责任,通过捐赠、开展农村儿童帮助专项活动的方式,加大对农村媒介素养服务体系的建设力度。

三、一体化模式弥补农村儿童监管缺位

面对因家长缺位,农村儿童的媒介使用缺乏有效管制和引导的问题,还要依靠社会各界共同努力,弥合农村儿童等特殊群体的监管缺位问题,从而提高儿童对负面信息的辨别和免疫能力,更好地引导儿童合理利用互联网。

首先,父母应加强对农村儿童的责任意识并提高自身媒介素养。由于父母不在身边,部分农村儿童缺少与父母直接交流的机会,遇到问题时缺少求助对象,更容易在网络中寻求精神慰藉。父母应尽可能创造和孩子进行思想、情感交流的空间,距离较远时,可以多利用视频、通信软件等媒介形式加强对子女的关心和了解。

其次,学校应加强对农村儿童的教育,增设安全教育、法律教育等课程,培养农村儿童的信息思辨能力和网络安全意识。给予留守儿童更多情感呵护和生活关怀,助力儿童身心健康成长。在教学方式上,学校还应发挥互联网的积极效用,利用创新型手段强化教学工作。

最后,政府部门要加大对农村教育资源的倾斜力度,传递数字公民建设的重要思想,设计网络安全在线课程,要求各学校统一组织观看,引导儿童形成正确的价值观;加大对居住环境的整治力度,重点清理网吧、游戏厅等娱乐场所,同时加强对社会风气的正向引导,规范网络内容,为儿童打造绿色网络空间。

总之,构建社会一体化育人体系,从单一责任制转向协调治理模式,对农村儿童等特殊群体具有重要意义。针对家长缺位、资源不足等问题采取针对性措施,有助于缩小城乡儿童在数字时代的发展差异,为全面实施网络强国战略打下坚实基础。

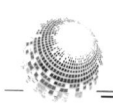

第八章 总结与展望

为提升数字时代儿童媒介素养,本书从不同角度提出相关建议:首先,父母应明确在儿童媒介使用过程中的"把关人"身份,与儿童共同提高媒介素养,减少"代际差距"。其次,父母要以身作则,制定公平的媒介使用规则,借助不同干预策略的优势,打好干预"组合拳",发挥干预的积极作用。此外,应构建协同育人环境,助力全面推进数字公民教育。政府要加快一体化教育体系建设进程,助力父母提高媒介素养;互联网企业要完善平台建设,优化前置管理手段,赋能父母媒介干预行为。

在儿童与日俱增的媒介使用行为背后,父母扮演着重要的监管、控制和引导的角色。父母基于自身媒介素养采取的干预策略直接作用于儿童的媒介认知和使用行为。面对新技术浪潮下父母与儿童之间媒介使用的"技术沟",该如何丰富儿童媒介素养教育的内涵并提升其效用是当前亟待研究的议题。尤其需要在本土化的情景中开展调查研究,形成较为科学、系统的指导体系,充分发挥父母的积极干预作用,正向引导儿童使用媒介,助力搭建更为完善的数字公民教育体系。本书不仅证实了媒介素养在干预儿童媒介使用行为中的影响作用,还进一步明确了媒介素养各个维度对不同父母干预策略影响程度的大小,是现有研究的进一步深化和拓展,但仍存在一些不足之处,在未来研究中可进一步完善。

第一,研究样本量和受访者范围仍需扩展。本次研究的样本虽然覆盖三个不同城市中不同年龄、学历、经济水平的父母,并在研究结果中作出描述统计和回归分析,但家庭媒介实践涉及的影响因素众多,如果选取更为分散及多元的区域开展受访者调查并进行不同因素的差异性分析,研究结论会更具全面性和代表性。

第二,研究量表的相关变量仍需丰富。鉴于对父母媒介素养和儿童媒介使用能力的实证研究欠缺,本书仅对儿童媒介使用情况、父母媒介素养、父母干预行为展开测评,并探寻其间的作用机制。而在家庭媒介实践过程中,家庭沟通模式、亲子互动方式等都可能作为中介变量,起到调节作用,未来的研究可以以此为基础,对现有理论进行完善和补充探讨,增强研究结果的准确性。

第三,研究测评方式仍需完善。本研究仅通过父母自评的方式调查其媒介素养、干预方式及儿童媒介使用能力的相关信息,角度较为单一,未来可以在此基础上补充儿童视角,更为辩证地看待家庭的媒介干预行为和效果,使研究结果更具说服力。

主要参考文献

卜卫,1991.大众传播对儿童的社会化和观念现代化的影响[J].新闻研究资料(3):47-72.

卜卫,1997.论媒介教育的意义、内容和方法[J].现代传播(北京广播学院学报)(1):29-33.

卜卫,2002.大众媒介对儿童的影响[M].北京:新华出版社.

蔡骐,李玲,2013.信息过载时代的新媒介素养[J].现代传播(中国传媒大学学报),35(9):120-124.

曹洵,2013.西方新媒介素养教育:现状与趋势[J].青年探索(5):51-56.

陈苗苗,2009.青少年新媒介"使用-满足"动机与新媒介素养观[J].国际新闻界(6):73-77+95.

陈青文,2019.新媒体儿童与忧虑的父母:上海儿童的新媒体使用与家长介入访谈报告[J].新闻记者(8):15-25.

陈小普,2017.大学生网络媒介素养:量表初步编制及特征分析[J].中国健康心理学杂志,25(4):572-576.

陈晓慧,王晓来,张博,2012.美国媒介素养定义的演变和会议主题的变革[J].中国电化教育,306(7):19-22+28.

陈治国,2011.布尔迪厄文化资本理论研究[D].北京:首都师范大学.

大卫·帕金翰,宋小卫,2000.英国的媒介素养教育:超越保护主义[J].新闻与传播研究(2):73-79.

丁卓菁,2012.新媒体环境下老年群体媒介素养教育探讨[J].新闻大学(3):116-121.

杜智涛,肖语奇,2021.未成年人互联网使用与科学素养[M].//季为民,沈杰.中国未成年人互联网运用报告(2021).北京:社会科学文献出版社.

高宏钰,蒋云宵,2021.数字时代的家庭教育:家长对儿童的媒介干预策略及其效果[J].福建教育(29):21-24.

耿益群,刘燕梅,2012.美国K-12媒介素养教育课程及其特点分析[J].外国中小学教育(2):21-26.

郭鉴,2006.e时代的儿童网络媒介接触行为探查[J].新闻界(6):100-101.

何志武,吴瑶,2015.媒介情境论视角下新媒体对家庭互动的影响[J].编辑之友(9):9-14.

胡鸿影,2023.智媒时代家庭媒介素养教育的特点、困境及对策[J].四川轻化工大学学报(社会科学版),38(5):90-100.

惠慧,2022.媒体饱和时代童年的"消逝"、重构与媒介素养教育[J].教育发展研究,42(8):63-70.

纪政,2021.家庭教育视域下青少年数字媒介素养影响因素研究[D].上海:上海师范大学.

江宁,2008.家庭社会化视角下媒介素养影响因素研究[D].北京:中国传媒大学.

赖泽栋,2018.青少年微媒介叛逆与亲职督导[J].现代传播(中国传媒大学学报),40(6):163-168.

雷颖,张倩,2017.大学生新媒介素养调查及提升对策研究[J].电子科技大学学报(社科版),19(2):63-68.

黎藜,赵美荻,李孟,2021."行之有效"还是"徒劳无功":父母干预会降低孩子手机游戏成瘾吗?[J].新闻记者(10):67-76.

黎藜,李嘉琦,赵美荻,2022.数字游乐园的家庭博弈:父母干预与青少年手机游戏行为的质性研究[J].新闻与写作(4):79-90.

李金城,2017.媒介素养测量量表的编制与科学检验[J].电化教育研究,38(5):20-27.

李留义,2015.大学生新媒介素养的现状调查与提升路径[J].新闻与写作(8):104-106.

李艳红,刘晓旋,2011.诠释幸福:留守儿童的电视观看——以广东揭阳桂东乡留守儿童为例[J].新闻与传播研究,18(1):70-78+111-112.

林聪,2016."互联网+"背景下的高校教师信息素养及构成[J].黑龙江高教研究(8):54-56.

刘洁含,陶沙,2024.短视频算法会"吃掉"孩子大脑吗?[N].文摘报,2024-04-20(02).

刘鸣筝,陈雪薇,2017.基于使用、评价和分析能力的我国公众媒介素养现状

[J].现代传播(中国传媒大学学报),39(7):153-157.

刘派,2017."第三人效果"与家长管束儿童观看动画片研究[D].大连:大连理工大学.

刘勇,2016.媒介素养概论[M].北京:中国人民大学出版社.

刘瑜,2023.杭州市大班幼儿家庭媒介素养教育现状研究[D].金华:浙江师范大学.

刘宇轩,2017.移动媒介素养测量研究:理论流变与量表开发——基于1832份调查问卷样本[J].新媒体与社会(2):117-137.

刘朝霞,郭莎,2021.2020年我国城乡未成年人互联网认知态度及行为[M]//季为民,沈杰.中国未成年人互联网运用报告(2021).北京:社会科学文献出版社.

卢锋,韩璐,2015.镜像神经元研究及其对家庭媒介素养教育的启示[J].长春教育学院学报,31(17):66-68.

罗芳,关江华,2017.家庭背景和文化资本对子女非认知能力的影响分析[J].当代教育科学(9):91-96.

缪佩君,黄晓莉,2019.幼儿网络媒介使用对亲子关系的影响[J].教育现代化(69):177-178.

彭兰,2020.导致信息茧房的多重因素及"破茧"路径[J].新闻界(1):30-38+73.

芮必峰,陈夏蕊,2013.新传播技术呼唤新"媒介素养"[J].新闻界(14):62-66.

师静,赵金,2016.欧美国家媒介素养的数字化转变[J].新闻与写作(7):98-100.

宋宝萍,2005.维果斯基的儿童人格发展思想[J].西南民族大学学报(人文社科版)(8):266-267.

宋小卫,2000.西方学者论媒介素养教育[J].国际新闻界(4):55-58.

宋小卫,朱向霞,1990.电视与少年儿童:北京市区三至六年级小学生收视情况调查[J].新闻研究资料(4):94-105.

苏斌原,张卫,苏勤,等,2016.父母网络监管对青少年网络游戏成瘾为何事与愿违?一个有调节的中介效应模型[J].心理发展与教育,32(5):604-613.

孙婧,周金梦,2020.英国媒介研究课的特点及启示:基于英国最新《GCSE媒介研究课程标准》与评估框架的分析[J].比较教育研究,42(2):32-38.

孙婧,王颖,2022.小学生媒介素养测评工具的开发与应用:基于两省市702

名学生的实证研究[J].教育研究与实验(6):87-93.

孙银莲,2006.论家庭文化资本对学生成长的影响[J].湖南师范大学教育科学学报(4):44-46.

王筠榕,2021.弥合数字素养鸿沟的乡村网络扶贫对策研究:基于家庭文化资本的视角[J].当代经济(10):70-73.

王倩,李昕言,2012.儿童媒介接触与使用中的家庭因素研究[J].当代传播(2):111-112.

王振文,2017.Web 2.0时代"90后"的新媒介素养研究[D].南京:南京大学.

吴娜,2016.儿童互联网使用与学业成绩的关系:父母监控的作用[D].武汉:华中师范大学.

吴依泠,沈熙,苏彦捷,2019.网络使用父母干预方式问卷的修订[J].中国临床心理学杂志,27(4):680-684.

谢斌,王鑫,2023.小学生数字媒体使用现状与应对[J].教学与管理(3):39-43.

谢金文,2004.传媒人的媒介素养浅谈[J].新闻记者(11):41.

谢曼妮,2011.参与式文化背景下的新媒介素养研究[D].南宁:广西大学.

谢永飞,杨菊华,2016.家庭资本与随迁子女教育机会:三个教育阶段的比较分析[J].教育与经济(3):75-82.

杨慧琼,李萌,2021.媒介使用的亲子交流和父母介入:一项小学生的家庭媒介教育研究[J].福建技术师范学院学报,39(6):624-629+648.

曾秀芹,柳莹,邓雪梅,2020.数字时代的父母媒介干预:研究综述与展望[J].新闻记者(5):60-73.

张煜麟,2015.社交媒体时代的亲职监督与家庭凝聚[J].青年研究(3):48-57+95.

张卓,周红莉,2020.童年的区隔:家庭文化资本与儿童视听媒介实践——以Z城和S乡为例[J].现代传播(中国传媒大学学报),42(3):162-168.

赵鹏,2021.家庭文化资本视角下初中生视听媒介使用的调查研究[D].武汉:湖北大学.

郑春风,2022.乡村家庭、儿童手机实践与父母媒介干预困境:基于GH乡的民族志考察[J].新闻记者(2):71-82.

郑素侠,2010.农民工媒介素养现状调查与分析:基于河南省郑州市的调查[J].现代传播(中国传媒大学学报)(10):121-125.

郑素侠,2013.农村留守儿童的媒介素养教育:参与式行动的视角[J].现代传播(中国传媒大学学报),35(4):125-130.

郑欣,2008.政府官员:一个特殊群体的媒介认知及其应对行为研究——以700名处级以上干部媒介素养调查为例[J].新闻与传播研究(3):64-72+96-97.

周楠,王少凡,朱曦淳,等,2022.中国儿童青少年手机使用与手机成瘾行为及相关因素分析[J].中国学校卫生,43(8):1179-1184.

周晓芸,彭先桃,李亚丽,2024.家长媒介素养对幼儿学习品质的影响:教养方式的并行中介作用[J].陕西学前师范学院学报,40(4):11-18.

朱秀凌,2021.家庭沟通模式、父母介入对青春期网络霸凌的风险控制研究[J].新闻大学,187(11):75-91+124.

AUFDERHEIDE P,1993. Media Literacy:a report of the national leadership conference on media literacy[R]. Aspen:Aspen Institute.

BUCKINGHAM D, 2013. Media education:literacy, learning and contemporary culture[M]. Cambridge:Polity Press.

CLARK L S,2011. Parental mediation theory for the digital age[J]. Communication Theory,21(4):323-343.

CRAGGS C,2002. Media education in the primary school[M]. London:Routledge.

DUERAGER A,LIVINGSTONE S,2012. How can parents support children's internet safety?[R]. London:EU Kids Online.

FUJIOKA Y,AUSTIN E W,2003. The implications of vantage point in parental mediation of television and child's attitudes toward drinking alcohol[J]. Journal of Broadcasting & Electronic Media,47(3):418-434.

GRABER D,MENDOZA K,2012. New media literacy education (NMLE):a developmental approach[J]. Journal of Media Literacy Education,4(1):8.

HEFNER D,KNOP K,SCHMITT S,et al.,2018. Rules? Role model? Relationship? The impact of parents on their children's problematic mobile phone involvement[J]. Media Psychology,22(1):82-108.

JENKINS H,CLINTON K,PURUSHOTMA R,et al.,2009. Confronting the challenges of participatory culture:media education for the 21st century

[R]. Chicago: The John D. and Catherine T. MacArthur Foundation.

JIOW H J, LIM S S, LIN J, 2017. Level up! Refreshing parental mediation theory for our digital media landscape[J]. Communication Theory, 27(3): 309-328.

KOWALCZYK C M, ROYNE M B, 2016. Exploring the influence of mothers' attitudes toward advertising on children's consumption of screen media[J]. International Journal of Consumer Studies, 40(5): 610-617.

LIVINGSTONE S, HELSPER E J, 2008. Parental mediation of children's internet use[J]. Journal of Broadcasting & Electronic Media, 52(4): 581-599.

LIVINGSTONE S, ÓLAFSSON K, HELSPER E J, et al., 2017. Maximizing opportunities and minimizing risks for children online: the role of digital skills in emerging strategies of parental mediation [J]. Journal of Communication, 67(1): 82-105.

LIVINGSTONE S, 2002. Young people and new media: childhood and the changing media environment[M]. London: SAGE Publication.

LIVINGSTONE S, HADDON L, 2009. Kids online: opportunities and risks for children[M]. Bristol: Policy press.

MESCH G S, 2009. Parental mediation, online activities, and cyberbullying [J]. Cyberpsychology & Behavior, 12(4): 387-393.

MURAWSKI M, BÜHLER J, BÖCKLE M, et al., 2019. Social media information literacy : what does it mean and how can we measure it? [C]// Proceedings of the 18th conference on e-Business, e-Services and e-Society (I3E). Trondheim: Springer.

NATHANSON A I, 2001. Parent and child perspectives on the presence and meaning of parental television mediation[J]. Journal of Broadcasting & Electronic Media, 45(2): 201-220.

NIKKEN P, JANSZ J, 2006. Parental mediation of children's videogame playing: a comparison of the reports by parents and children[J]. Learning, Media and Technology, 31(2): 181-202.

NIKKEN P, JANSZ J, 2014. Developing scales to measure parental mediation of young children's internet use [J]. Learning, Media and

Technology, 39(2): 250-266.

PADILLA-WALKER L M, COYNE S M, 2011. "Turn that thing off!" parent and adolescent predictors of proactive media monitoring[J]. Journal of Adolescence, 34(4): 705-715.

POTTER W J, 2010. The state of media literacy[J]. Journal of Broadcasting & Electronic Media, 54(4): 675-696.

QAISER Z, 2020. Early childhood education and care and the use of digital media in informal environments[J]. Berkeley Review of Education, 9(2): 221-245.

RADESKY J S, SCHUMACHER J, ZUCKERMAN B, 2015. Mobile and interactive media use by young children: the good, the bad, and the unknown [J]. Pediatrics, 135(1): 1-3.

SHIN W, 2018. Empowered parents: the role of self-efficacy in parental mediation of children's smartphone use in the United States[J]. Journal of Children and Media, 12(4): 465-477.

SHIN W, LI B, 2017. Parental mediation of children's digital technology use in Singapore[J]. Journal of Children and Media, 11(1): 1-19.

SONCK N, NIKKEN P, DE HAAN J, 2013. Determinants of Internet mediation: A comparison of the reports by Dutch parents and children[J]. Journal of Children and Media, 7(1): 96-113.

TOP N, 2016. Socio-demographic differences in parental monitoring of children in late childhood and adolescents' screen-based media use[J]. Journal of Broadcasting & Electronic Media, 60(2): 195-212.

UNESCO, 2013. Global media and information literacy assessment framework: country readiness and competencies[M]. Paris: UNESCO.

WARREN R, 2001. In words and deeds: Parental involvement and mediation of children's television viewing[J]. The Journal of Family Communication, 1(4): 211-231.

WARREN R, 2002. Preaching to the choir: parents' use of TV ratings to mediate children's viewing[J]. Journalism & Mass Communication Quarterly, 79(4): 867-886.

WARREN R, 2005. Parental mediation of children's television viewing in low-income families[J]. Journal of Communication, 55(4): 847-863.

ZHANG J, MADIGAN S, BROWNE D, 2022. Caregivers' psychological distress, technology use, and parenting: the importance of a multidimensional perspective[J]. Computers in Human Behavior, 134: 107324.